Die gefährlichsten Börsenfallen

Uwe Lang, geb. 1943, stammt aus einer Kaufmannsfamilie. Der evangelische Pfarrer (seit 1993 im Ehrenamt) analysiert seit über 35 Jahren intensiv das Börsengeschehen und gilt dabei als einer der weitsichtigsten und solidesten Börsenbeobachter. Er veröffentlichte mehrere Aktienratgeber und ist Herausgeber der *Börsensignale*, einem der erfolgreichsten deutschen Börsenbriefe, dessen Analysen Monat für Monat Tausende von Anlegern vertrauen.

Uwe Lang

Die gefährlichsten Börsenfallen – und wie man sie umgeht

Campus Verlag
Frankfurt/New York

Dieses Buch wurde vom Autor nach sorgfältiger Recherche aller Informationen verfasst. Doch Investieren heißt immer auch Risiken übernehmen, und Wertpapieranlagen sind mit Verlustgefahren verbunden. Weder der Autor noch der Verlag können daher Haftung für Schäden übernehmen, die aus der Interpretation oder Umsetzung der in diesem Buch getroffenen Aussagen resultieren.

Bibliografische Information der Deutschen Nationalbibliothek:
Die Deutsche Nationalbibliothek verzeichnet diese Publikation in der Deutschen Nationalbibliografie. Detaillierte bibliografische Daten sind im Internet unter http://dnb.d-nb.de abrufbar.
ISBN 978-3-593-38394-1

2., komplett überarbeitete und aktualisierte Auflage 2007

Das Werk einschließlich aller seiner Teile ist urheberrechtlich geschützt. Jede Verwertung ist ohne Zustimmung des Verlags unzulässig. Das gilt insbesondere für Vervielfältigungen, Übersetzungen, Mikroverfilmungen und die Einspeicherung und Verarbeitung in elektronischen Systemen.
Copyright © 2001/2007 Campus Verlag GmbH, Frankfurt/Main
Umschlaggestaltung: R.M.E, Roland Eschlbeck und Rosemarie Kreuzer
Umschlagmotiv: © Getty Images
Satz: Fotosatz L. Huhn, Linsengericht
Druck und Bindung: Druck Partner Rübelmann, Hemsbach
Gedruckt auf säurefreiem und chlorfrei gebleichtem Papier.
Printed in Germany

Besuchen Sie uns im Internet: www.campus.de

Inhalt

Einleitung 9

Falle 1 Die Verwechslung von Analysten
 mit Hellsehern 13

Falle 2 Die Gewinnschätzungen der Analysten 22

Falle 3 Die Spekulation auf bestimmte Ereignisse . . . 28

Falle 4 Prognosen aufgrund von Statistiken 31

Falle 5 Orientierung am Aktienindex 38

Falle 6 Die eigene Psyche 44

Falle 7 Der Herdentrieb 48

Falle 8 Selbstüberschätzung 52

Falle 9 Die Zahlen aus New York 64

Falle 10 Vertrauen in die Investmentfonds 69

Falle 11 Verlockende Zertifikate 76

Falle 12 Die größere Hebelwirkung 80

Falle 13 Aktienanleihen 85

Falle 14 Hedgefonds 90

Falle 15 Private Equity 94

Falle 16 Die Lust am unnützen Wissen 97

Falle 17 Information rund um die Uhr 100

Falle 18 Nanotechnologie 106

Falle 19 Ethische Investments 111

Falle 20 Daytrading 114

Falle 21 Fusionseuphorie 123

Falle 22 Kursmanipulationen durch Großbanken 129

Falle 23 Abgesprochene Hausse und Baisse? 132

Falle 24 Neuemissionen 143

Falle 25 Insidervergehen und Frontrunning 150

Falle 26 Falschmeldungen im Internet 157

18 Ratschläge für Privatanleger zur Vermeidung
der gefährlichsten Börsenfallen 162

Die wichtigsten Regeln zur Aktienauswahl
und zum Timing 166

Erprobte Systeme für den Ein- und Ausstieg 170
    Bewertung von Aktien und Aktienindizes im
    historischen Vergleich 170
    Charts 171
    Die Zinsmethode 173
    Die Index-Frühindikatoren-Methode 174
    Saisonale Schwankungen 175
    Die Euro-Dollar-Methode 176

Schlusswort 177

Weiterführende Literatur 180

Verzeichnis der Diagramme 181

Register 183

Mehr vom Autor 188

Einleitung

In den Jahren 1999 bis 2002 mussten viele Anleger, insbesondere die unerfahrenen unter ihnen, schlechte Erfahrungen machen. Nach den freundlichen Börsenjahren 2003 bis 2006 ist der Optimismus wieder zurückgekehrt. Den Neuen Markt, dessen Auswüchse ich in der im Jahr 2001 erschienenen ersten Auflage dieses Buches heftig kritisiert habe, gibt es nicht mehr. Scheinbar herrscht im Börsenhandel wieder Seriosität. Doch Anleger sind leider auch sehr vergesslich. Die Vorsicht nach schlimmen Erfahrungen hält ein paar Jahre an. Später kehren einige der alten Geister zurück. Was in den Jahren 2006 und 2007 in so manchen Fällen die Kurse nach oben trieb, waren im Grunde genommen irrelevante Ereignisse wie Fusionen und Übernahmegerüchte. Auch vor diesen Fallen habe ich in der ersten Auflage gewarnt.

Zunehmend besorgt registriere ich, dass die Anfragen an mich immer häufiger das Thema Hebelpapiere betreffen. Wie man es denn anstellen solle, um mithilfe von diesen Papieren sehr viel bessere Renditen als mit Aktien zu erzielen. Hebelpapiere, das sind zum Beispiel Optionsscheine, Mini-Futures (Knock-out-Zertifikate) oder gar große Indexfutures. Allen diesen Papieren ist gemeinsam, dass sie die Möglichkeit bieten, bei gleichem Kapitaleinsatz einen um ein Vielfaches höheren Gewinn als mit Aktien zu erzielen. Dass diese Möglichkeit ein so großes Interesse weckt, beruht auf der Annahme, die Börsenhausse setze sich nunmehr wieder unbegrenzt fort und man müsse sich als Anleger beeilen, sein Risiko zu erhöhen, um die bisher versäumten Kursgewinne nachzuholen.

Ungeachtet dessen, dass sich seit März 2003 die Werte der Aktienindizes verdreifacht haben, empfahlen führende Vermögensverwalter im Jahr 2006, verstärkt in Aktien einzusteigen. Die Renditen der Anleihen seien im Vergleich mit Aktien einfach zu schlecht. Warum entdeckten sie das so spät? In den Jahren 2003 und 2004, als die Anlage in Aktien in der Tat hochinteressant war, galt nur derjenige als seriöser Berater, der darauf hinwies, dass jeder Kursanstieg allenfalls eine »vorübergehende Reaktion in einem intakten Baissemarkt« sein könne. Jetzt, bei hohen Kursen, kommen wieder unzählige Kleinanleger an die Börse, die gehört haben, dass man durch Aktien doch wieder Geld verdienen könne. Spät kommen sie, doch sie kommen, und sie treiben mit ihren Käufen die Kurse nach oben. Früher wurde eine derartige Entwicklung als »Dienstmädchen-Hausse« oder »Lieschen-Müller-Hausse« bezeichnet. André Kostolany soll dazu einmal gesagt haben: »Mein lieber Freund, überlassen Sie die letzten 10 Prozent Kurspotenzial an der Börse den Dummen.«

Die gefährlichsten Börsenfallen entstehen nicht durch Machenschaften von Betrügern und Finanzhaien, von denen der Privatanleger zweifelsohne umgarnt wird. Gefährlicher ist es, wenn Investoren sich von flüchtigen Stimmungen leiten lassen und den Ratschlägen und Empfehlungen in den Medien und von Bankberatern leichtgläubig folgen. Viele kaufen unbedarft, hören auf zu viele Informanten, folgen spontanen Gefühlsregungen. Oder sie überschätzen sich selbst und bilden sich ein, sie hätten die Börse »im Griff«.

Sicher wird in diesem Buch auch von denen die Rede sein,

die die Unerfahrenheit, Leichtgläubigkeit und den Optimismus der Anleger auszunutzen trachten. Aber nicht jede zweifelhafte Handlung kann mithilfe des Staatsanwalts verfolgt werden, selbst wenn sich beweisen ließe, was da zuungunsten des Kleinanlegers im Hintergrund an der Börse geschieht.

Börsenneulinge haben schon viel gelernt, wenn sie sich immer wieder vergegenwärtigen, dass kein noch so verlockendes Angebot, das sich ihnen bietet, dazu ersonnen wurde, damit sie viel Geld verdienen. Im Kern geht es vielmehr darum, dass andere Börsenteilnehmer, in der Regel die Banken, an den Anlagegeschäften verdienen.

Falle 1
Die Verwechslung von Analysten mit Hellsehern

Börsenneulinge, die gerne auf Tipps von Leuten hören, die über angeblich mehr Fachwissen verfügen, haben oft völlig falsche Vorstellungen darüber, was an Prognosen überhaupt möglich ist und wie weit sich dann auch die Aktienkurse in die entsprechende Richtung bewegen.

Zunächst sollte man sich klarmachen: Analysten sind keine Hellseher. Ein Fundamentalanalyst sammelt beispielsweise jede Menge Daten über ein Unternehmen und die zugehörige Branche. Er versucht, daraus abzuleiten, wie sich die Marktchancen des Unternehmens in der Zukunft entwickeln, beispielsweise, ob Umsatz- und Gewinnsteigerungen in den kommenden ein bis zwei Jahren möglich sind. Das hat zunächst einmal mit dem Aktienkurs nichts zu tun. Denn so genau weiß ja niemand, wie weit die günstigen (oder auch weniger guten) Unternehmensprognosen schon im Kurs enthalten sind. Hat man noch bessere Daten erwartet, kann es sein, dass ein Kurs nach der Vorhersage einer Gewinnsteigerung sogar fällt!

Es kommt also weniger auf die absoluten Zahlen an als darauf, ob die neuen Prognosen für das Unternehmen positiver oder negativer als die bisherigen Einschätzungen ausfallen. Da die Analysten dazu neigen, bisherige Prognosen im Zweifelsfall beizubehalten oder sich den schon veröffentlichten Beurteilungen anzuschließen, wäre es eigentlich ratsam, immer auf

Aktien zu setzen, für die nach oben revidierte Prognosen gestellt werden. Umgekehrt müssten dann diejenigen Titel verkauft werden, die eine schlechtere als die bisher bekannte Bewertung erhalten.

Aber genau diese Handlungsweise hat sich in den vergangenen Jahren oft als völlig falsch erwiesen. Denn in dem Moment, in dem eine neue Analyse veröffentlicht wird, ist es bereits zu spät: Die Börse hat dann bereits überreagiert. Standardaktien, die in den Jahren 1999 und 2000 absolute Renner waren – wie Siemens und SAP (Diagramme 1 und 2) –, wurden in den Jahren zuvor und sogar noch 1999 mehrmals von Analysten kurzfristig herabgestuft. Sie erfuhren durch diese Herabstufungen in diesen Fällen am selben Tag teilweise Kursverluste von 10 Prozent und mehr.

Fondsmanager hatten in großen Mengen völlig sinnlos verkauft. Sinnlos war dies deshalb, weil sich die Verkäufe zu den tiefen Verkaufskursen in Wirklichkeit gar nicht mehr lohnten. Aber dies scheint heutzutage vielen Fondsmanagern gleichgültig zu sein: Hauptsache, man kann ihnen nicht »Tatenlosigkeit trotz schlechter Zahlen« vorwerfen.

Unvergessen bleiben die Herabstufungen deutscher Unternehmen durch US-Analysten in der ersten Jahreshälfte 2003. Da wurde zum Beispiel der deutsche Stahl- und Anlagenbauer ThyssenKrupp als hochriskantes Unternehmen eingestuft. So etwas kann einem Konzern nicht gleichgültig sein, denn er muss dann für sein Fremdkapital weit höhere Zinsen zahlen als nötig. Außerdem meiden die Fonds dann solche Aktien (Diagramm 3). Was war da passiert?

Ein Schlüsselbegriff dazu lautet »Rating«. Ein Rating ist eine Einschätzung der Frage, mit welcher Wahrscheinlichkeit ein Unternehmen seinen Zahlungsverpflichtungen vertragsgemäß nachkommen wird. Von einem Rating hängt auch ab,

Die Verwechslung von Analysten mit Hellsehern 15

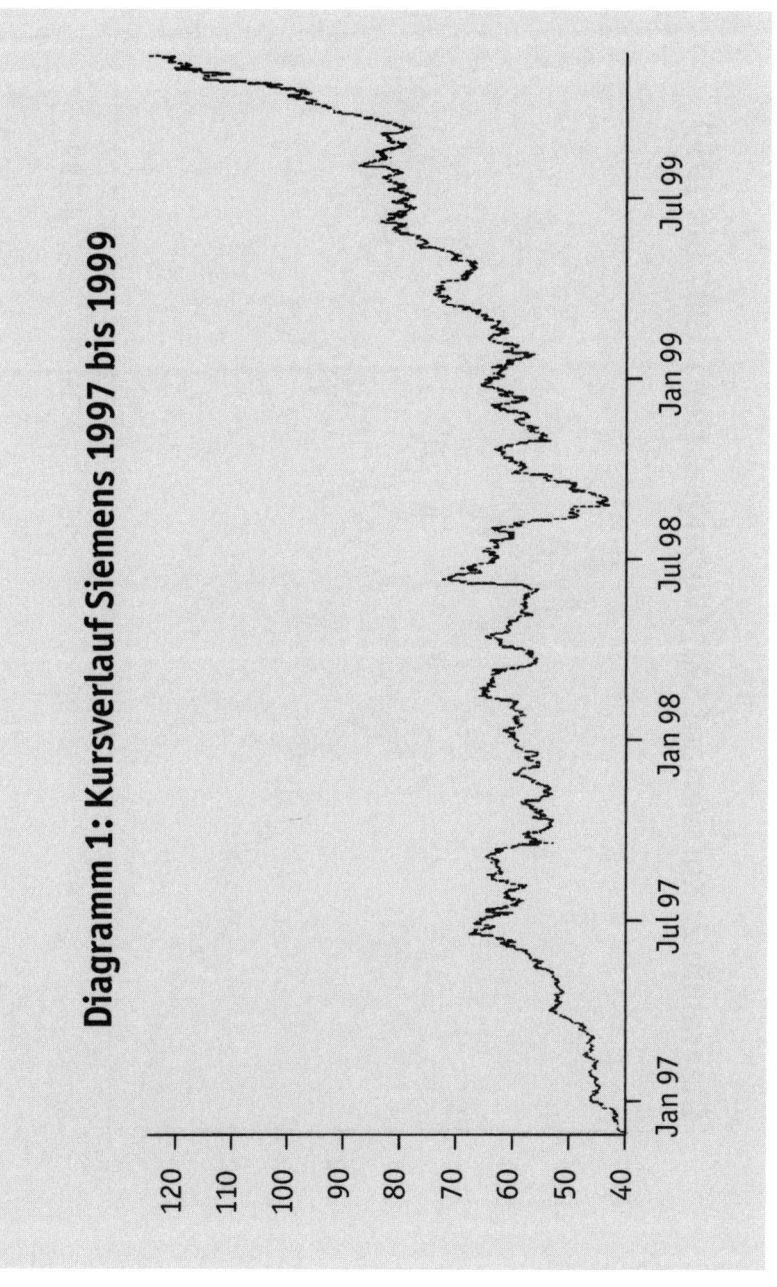

Diagramm 1: Kursverlauf Siemens 1997 bis 1999

16 Die gefährlichsten Börsenfallen

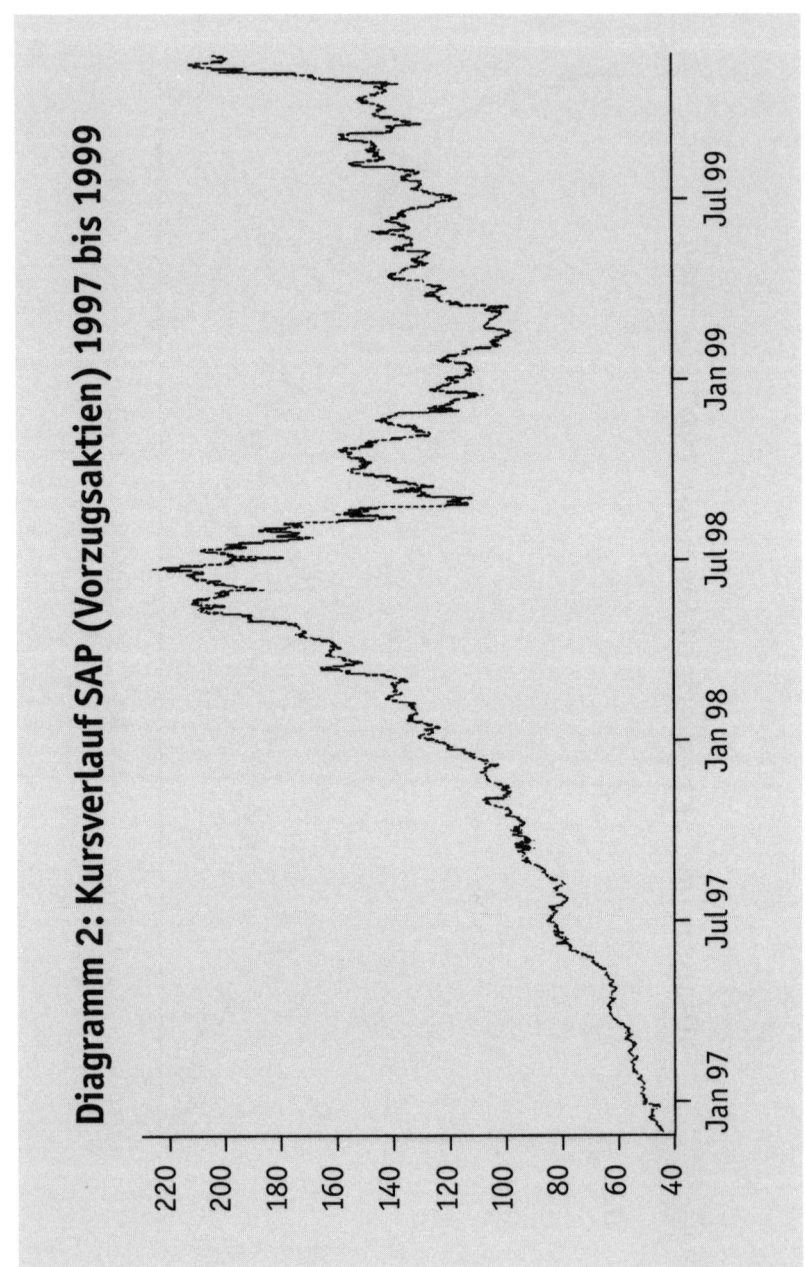

Diagramm 2: Kursverlauf SAP (Vorzugsaktien) 1997 bis 1999

ob die Firma überhaupt Kredite bekommt – und wenn ja, zu welchen Konditionen. Ratings sind entscheidend dafür, wie viel Eigenkapital Banken zur Abdeckung des Geldes benötigen, das sie an ihre Schuldner verleihen. So will es ein internationales Abkommen, Basel II genannt. Je schlechter das Rating, umso höher sind die von der Bank geforderten Zinsen und umso ist größer letztendlich die Gefahr für ein Unternehmen, bei einer Bank vergeblich um Kredit nachzusuchen.

Mit welcher Wahrscheinlichkeit ein Unternehmen zahlungsunfähig wird, versuchen sogenannte Rating-Agenturen zu ermitteln. Rund 80 Prozent des Rating-Marktes werden von den zwei amerikanischen Agenturen Standard & Poor's (S & P) und Moody's kontrolliert. Damals, im Jahr 2003, überprüften diese in der Regel nur große internationale Unternehmen, zu denen auch ThyssenKrupp gehörte, sowie deren Anleihen. Auch Länder und die von deren Regierungen ausgegebenen Schuldverschreibungen erhalten ein Rating.

Ratings dienen den internationalen Anlegern als entscheidende Richtschnur. Dies gilt umso mehr, als die dahinterstehenden Analysen zumindest bis 2003 als außerordentlich treffgenau betrachtet wurden – und so den Anlagemanagern viel Zeit und Geld für eigene Expertisen ersparten. Allerdings waren beiden großen US-Rating-Agenturen schon vor dem Fall Thyssen in die Kritik geraten. Sie hatten die Anleihen von Enron und WorldCom sehr spät, erst kurz vor deren Konkurs, auf Schrottniveau heruntergestuft.

Die Abwertung von ThyssenKrupp-Anleihen auf den wenig vertrauenerweckenden Junk-Bond-Status war dann der Gipfel der Unverschämtheit. Die Bilanz des Konzerns war schon damals tadellos, die Dividendenrendite betrug über 4 Prozent. Die Schulden waren halbiert worden. Begründet wurde die negative Einschätzung mit dem Verhältnis der Schulden zum Börsenwert. Der Börsenwert aber ist nur die Summe aller Aktien, und er war nur deshalb so gering, weil Analysten das Unternehmen damals vor dem Irak-Krieg, wie auch andere deutsche Großkonzerne, als »Risikofaktor« beleumundet hatten. Faktisch hatte der Börsenwert keinerlei Bezug mehr zur Wirklichkeit. Aber das sahen die US-Analysten damals anders, ähnlich wie die US-Regierung Bush, die für das »alte Europa« nur noch Verachtung demonstrierte.

Außerdem hatte die Rating-Agentur ihre Einschätzung mit angeblich zu geringen Pensionsrückstellungen des Unternehmens begründet. Deren Höhe hatte sich allerdings gar nicht geändert. In Wirklichkeit waren es politische Gründe, die die Analysten zu ihrem negativen Urteil über ThyssenKrupp bewogen. Und die Analysten gingen dabei keinerlei Risiko ein, denn ihre Bewertungen der Zahlungsfähigkeit gelten juristisch als reine Meinungsäußerung.

Es ist also Vorsicht geboten, wenn Analysten ihre Einschätzungen abgeben, auch wenn sie anerkannte Institute vertreten. Das gilt für Herabstufungen ebenso wie für Höherstufungen von Unternehmen. Werden diese publik, dann ist es für Käufe viel zu spät. Erstens ist anzunehmen, dass der positiven Empfehlung bereits eine Menge von Käufen vorausgegangen sind. Zweitens springt ein Kurs nach der Veröffentlichung einer wohlwollenden Analyse in der Regel so schnell nach oben, dass er zumindest für die folgenden Tage als ausgereizt gelten kann. Allenfalls nach den ersten Gewinnmitnahmen der kurzfristig agierenden Spekulanten oder im Rahmen einer allgemeinen Börsenschwankung nach unten kann man noch einen Einstieg wagen.

Ebenfalls achten sollte man auf den Sprachgebrauch der Analysten, weil man sonst auf so manche falsche Fährte gelockt werden könnte.

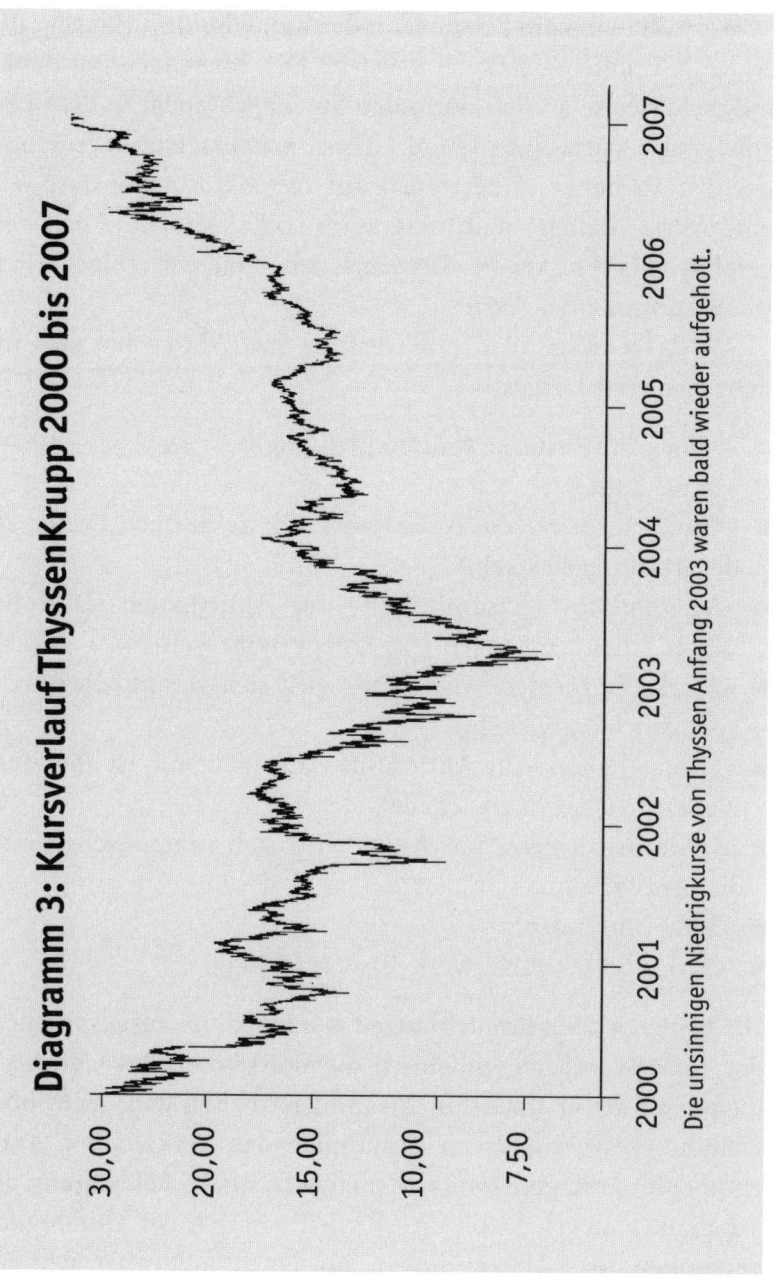

Diagramm 3: Kursverlauf ThyssenKrupp 2000 bis 2007

Die unsinnigen Niedrigkurse von Thyssen Anfang 2003 waren bald wieder aufgeholt.

Was soll man zum Beispiel mit der Empfehlung anfangen, die Aktie XY solle »gehalten« werden? Der Börsenneuling denkt möglicherweise an den normalen Sprachgebrauch, in dem beispielsweise »sich einen Hund halten« voraussetzt, einen Hund gekauft zu haben. Übertragen auf die Aktie hieße das, wer eine Aktie »halten« will, müsste sie vorher kaufen. Aber weit gefehlt! »Halten« ist im »Börsenjargon« eine der schlechtesten Bewertungen einer Aktie.

Als Reihenfolge in der Bewertung von Aktien hat sich inzwischen eingebürgert:

- »Strong buy« (starke Kaufempfehlung),
- »Buy« (kaufen),
- »Outperformer« (die Aktie wird sich vermutlich besser als der Markt entwickeln),
- »Accumulate« (einsammeln – der Aktienanteil kann bei weiter fallenden Kursen vorsichtig erhöht werden),
- »Marketperformer« (die Aktie wird sich vermutlich durchschnittlich entwickeln),
- »Hold« (halten – die Aktie läuft zwar nicht gut, ist aber zum Verkauf vielleicht zu schade),
- »Underperformer« (die Aktie wird sich unterdurchschnittlich entwickeln),
- »Sell« (verkaufen),
- »Strong Sell« (starke Verkaufsempfehlung).

Die beiden letzten Empfehlungen werden kaum ausgesprochen; der Analyst will ja schließlich die Pressestelle des Unternehmens, mit der er weiterhin zusammenarbeiten will, nicht über Gebühr verärgern. Wenn er nämlich den Verkauf der Aktie empfiehlt, dann grenzt das an eine persönliche Beleidigung des Topmanagements. Denn dieses wird dadurch der Unfähigkeit gescholten, das Unternehmen auf einen zukunftsträchtigen

Kurs zu bringen. Und es wird dem Analysten nie wieder Nachrichten über das Unternehmen zukommen lassen – mit Ausnahme jener, die ohnehin für die breite Öffentlichkeit bestimmt sind.

Es gibt aber noch einen weiteren Grund, weshalb sich Analysten vor allzu eindeutigen Urteilen hüten: Die Gefahr, total daneben zu liegen, ist ungleich größer. Entwickelt sich eine soeben zum Verkauf empfohlene Aktie als Renner, ist der Analyst sehr schnell seinen Job los. Seine Vorgesetzten werden ihm vorhalten: »Sehen Sie irgendjemanden, der diese Aktie zum Verkauf empfohlen hat? Nein, das haben nur Sie als Einziger fertiggebracht!«

Roger Hirst, seinerzeit Leiter des europäischen Aktienresearch der Dresdner Bank, teilte der *Süddeutschen Zeitung* am 13. August 1999 mit: »Wir schreiben nichts, woran wir nicht glauben, aber wir schreiben auch nicht alles, woran wir glauben.« Insofern sind »Halten« und »Underperformer« im Börsenalltag praktisch die schlechtesten Bewertungen, die vergeben werden.

Falle 2
Die Gewinnschätzungen der Analysten

Man sollte meinen, dass die auf Zahlen und Fakten gestützten Fundamentalanalysen bestimmt keinen Raum für Psychofallen ließen. Die Durchleuchtung eines Unternehmens erfordere derart viel betriebswirtschaftliches Rüstzeug und Fachwissen, dass sie doch rein wissenschaftlich und objektiv sein müsste. Zudem seien hier die Spezialisten gefragt, die sich als Einzelpersonen mit dem Unternehmen beschäftigten; eine Massenpsychose könne hier doch wohl nicht entstehen.

In der Tat sind es immer weniger Analysten, an denen sich die Mehrzahl der übrigen orientiert. Maßgeblichen Einfluss haben diejenigen, die für die amerikanischen Investmentbanken Goldman Sachs, Merrill Lynch und Morgan Stanley arbeiten. Dass sie hoch spezialisiert sind, ist richtig. Sie kennen »ihre« Unternehmen, deren Konkurrenten und die Verhältnisse auf dem Weltmarkt sehr genau, nehmen an allen wichtigen Tagungen der jeweiligen Branche teil und nehmen auch die Topmanager der Unternehmen immer wieder ins Verhör.

Aber was ist, wenn die Investmentbank, für die ein Analyst arbeitet, aufgrund geschäftlicher Interessen nur an positiven Analysen interessiert ist? Die Deutsche Telekom brachte im Jahr 2000 ihre Tochter T-Online und weitere eigene Aktien an die Börse. Für Investmentbanker war dies ein Riesengeschäft. Man wird sich doch die schönen Kurse nicht durch negative

Analysen verderben! In der Tat fand man vonseiten der großen US-Geldhäuser niemals negative Kommentare zur Deutschen Telekom, obwohl der Kurs der Aktie in den ersten drei Monaten des Jahres 2000 fast fahnenstangenartig gestiegen war, während gleichzeitig das Unternehmen immer weniger verdiente.

In einem Rückblick auf seine Jahre als Chef der Börsenaufsichtsbehörde in den USA (1993 bis 2001) hat Arthur Levitt beschrieben, welch massivem Druck er ausgesetzt war, als er forderte, dass Groß- und Privatanleger auf demselben Informationsstand sein müssten, und gar die Trennung der Funktionen von Wirtschaftsprüfern und Unternehmensberatern durchzusetzen versuchte. Zu sehr profitierten die Analysten-Berater der großen Geldhäuser von dieser Zusammenarbeit. Oft genug bestand bei Prüfern die Versuchung, nicht ganz so genau in die Bücher zu schauen, wenn man dafür mit einem lukrativen Beratungsmandat belohnt werden konnte. Die Folge waren der berühmte Enron-Skandal und das Ende der Prüfungsgesellschaft Arthur Andersen im Jahr 2002, als die Bilanzfälschungen des Energiekonzerns Enron und deren Hintergründe aufgearbeitet wurden.

Aber selbst wenn die Analysten vonseiten ihrer Finanzhäuser keinen Einschränkungen oder Reglementierungen unterliegen, so ist dennoch nicht garantiert, dass die Analyse unbeeinflusst erfolgte. Die Verhaltenswissenschaftler Amos Tversky und Daniel Kahnemann wiesen nach, dass es sehr wohl psychologische Einflüsse auf einen Analysten gibt: die Lektüre vorhergehender Schätzungen. Ein Analyst werde sich davor hüten, mit seiner Einschätzung allzu sehr von den vorhergehenden Bewertungen abzuweichen, und zwar aus reinem Selbsterhaltungstrieb. Liege er in der Nähe der schon bekannten Analysen, könne man es ihm nicht zum Vorwurf machen, wenn das tatsächliche Ergebnis stark von seiner Schätzung abweiche. Immerhin sei die Lage des Unternehmens dann doch sehr undurchschaubar gewesen, was auch durch die ebenfalls verfehlten Schätzungen der zeitlich vorhergehenden Analysen deutlich geworden sei.

Weicht der Analyst aber mit seiner Meinung stark von der bisherigen Mehrheitsmeinung ab, so geht er ein hohes Risiko ein. Zwar könnte er höchsten Ruhm ernten, wenn er richtig liegt, aber ob es ihm dann beruflich sehr viel nützt, weiß er auch nicht. Zittern muss er, wenn er danebenliegt, denn dann gerät er in einen Erklärungsnotstand. »Alle waren in der Lage, dieses Unternehmen richtig einzuschätzen, nur Sie waren dazu nicht imstande!«, heißt es dann. Was liegt näher, als ein solches Risiko erst gar nicht einzugehen?

Ganz heikel wird es, wenn ein von einer Großbank beschäftigter Analyst Empfehlungen für eine Aktie abgibt, die Bank aber gleichzeitig diese Aktie für Großkunden massenhaft verkauft. Mitte 2001 empfahl die Deutsche Bank die Telekom zum Kauf. Einen Tag später – welch ein Zufall! – stieß sie für einen Kunden aus Fernost ein großes Aktienpaket an der Börse ab. Als dies publik wurde, musste sie dafür heftige Kritik einstecken. Den Verkauf konnte man ihr nicht vorwerfen, wohl aber die völlig verfehlte Kaufempfehlung, nach der der Kurs der Telekom-Aktie nur noch fiel (Diagramm 4). Die Empfehlung hatte selbstverständlich die Platzierung der verkauften Aktien sehr erleichtert.

Übrigens hinderte diese schlechte Erfahrung die Deutsche Bank nicht daran, am Mittwoch, dem 17. Januar 2007, mit Aktien der Firma Beiersdorf ähnlich zu verfahren. Sie verkaufte ein großes Paket aus dem Besitz der Stadt Hamburg. Dagegen wäre nichts einzuwenden, wenn nicht ausgerechnet kurz vorher eine Analystenstudie der Deutschen Bank erschienen wäre,

Die Gewinnschätzungen der Analysten 25

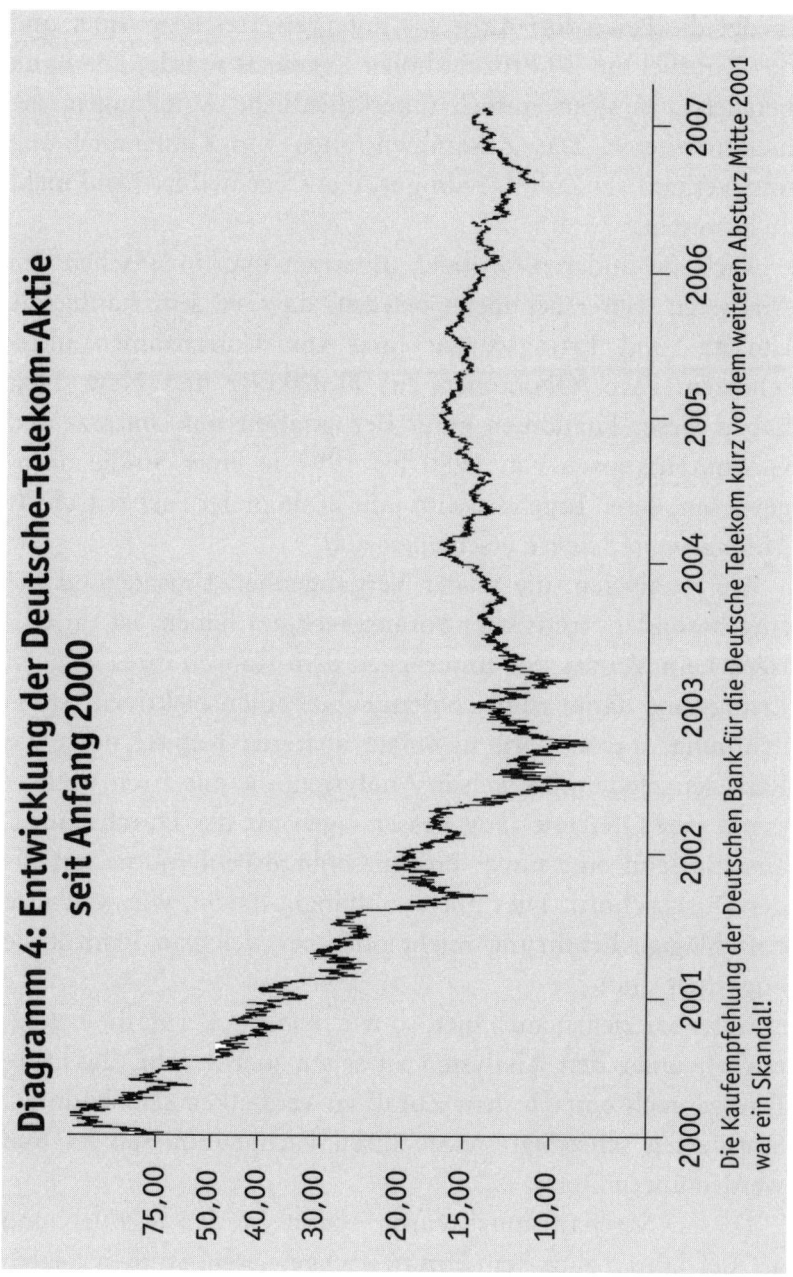

Diagramm 4: Entwicklung der Deutsche-Telekom-Aktie seit Anfang 2000

Die Kaufempfehlung der Deutschen Bank für die Deutsche Telekom kurz vor dem weiteren Absturz Mitte 2001 war ein Skandal!

in der die Beiersdorf-Aktie als unterbewertet bezeichnet und das Kursziel um 20 Prozent höher angesetzt wurde. Die Bank beteuerte, es seien einfach unterschiedliche Abteilungen, die hier arbeiteten. Das Zusammentreffen von Kaufempfehlung und Verkauf sei Zufall. Nun gut, das Gegenteil ist wohl nicht zu beweisen.

Auch aus anderen Gründen misstraut man inzwischen den Analysten. Untersuchungen belegen, dass sie sehr häufig die Umsatz- und Ertragsentwicklung von Unternehmen überschätzen. Zwei Ökonomen aus Hongkong und New York haben dieses Phänomen unter Bezugnahme auf Umsatz- und Gewinnprognosen von 1980 bis 1997 in einer Studie nachgewiesen, deren Ergebnisse im Jahr 2006 in der Fachzeitschrift *Management Science* erschienen sind.

Auf Analysten, die in der Vergangenheit Umsatz und Ertrag besonders treffsicher vorausgeschätzt haben, ist im Übrigen kein Verlass. Sie unterliegen dem Rausch ihres eigenen Erfolgs und damit zugleich dem Fehler einer selektiven Wahrnehmung; davon wird in einem späteren Kapitel noch die Rede sein. Jedenfalls weisen Analysten, die mit ihren Vorhersagen vier Quartale lang besser lagen als der Durchschnitt, anschließend eine um 9 Prozent höhere Fehlerquote auf als der Durchschnitt. Dies gilt unabhängig davon, wie weit ihre einschlägige Erfahrung reicht oder bei welchem Institut sie angestellt sind.

Offenbar ziehen auch hier, so wie in jedem Beruf, die Erfolgreichen unter den Analysten zu selten in Betracht, dass ihre Erfolge auch einfach dem Zufall zu verdanken sein könnten. Stattdessen schreiben sie sie ihren Fachkenntnissen zu und werden übermütig.

Dieser Mechanismus wurde schon in den 1960er und 1970er Jahren auch bei Lehrern nachgewiesen. Studien zeigten damals: Pädagogen neigen dazu, gute Leistungen von Schülern als ihr Verdienst zu betrachten. Für schlechte Leistungen von Schülern machen sie dagegen eher externe Faktoren wie mangelnde Motivation verantwortlich.

Falle 3
Die Spekulation auf bestimmte Ereignisse

Im Laufe des Jahres 1999 sahen sich die Börsianer weltweit mit einer unbekannten Größe konfrontiert, deren Einfluss auf die Kursbildung an den Märkten völlig unklar war: Was würde beim Übergang in das Jahr 2000 passieren?

Darüber herrschte große Unsicherheit. Zwar sind Ereignisse wie etwa Wahlen, deren Ausgang und deren Auswirkungen auf die Börse unbekannt sind, prinzipiell nichts Ungewöhnliches. Der Übergang zum »Jahr 2000« war allerdings ein Sonderfall. Er war deshalb besonders interessant, weil von seinem Ausgang mehr oder weniger alle Industrienationen betroffen waren.

Bekannt war, dass viele Computerprogramme umgestellt werden mussten, die bisher nur zweistellige Jahreszahlen kannten. Aber die Frage, ob wirklich alle Fehlerquellen beseitigt waren, kein Computer abstürzen konnte und alle Versorgungssysteme so weiterlaufen würden wie bisher, konnte nicht immer hundertprozentig sicher beantwortet werden. Viele befürchteten neben ausfallenden Fahrstühlen und Telefonen sogar Flugzeugabstürze oder Unfälle mit Nuklearwaffen.

Allein die US-Unternehmen gaben rund 80 Milliarden US-Dollar aus, um mögliche Fehler zu beseitigen. Man wusste, dass auch Behörden, Banken und Börsen nach Testversuchen keine Probleme haben sollten. Das Problem schien vielmehr der Mensch mit seinen irrationalen Ängsten zu sein. 44 Prozent

Die Spekulation auf bestimmte Ergebnisse

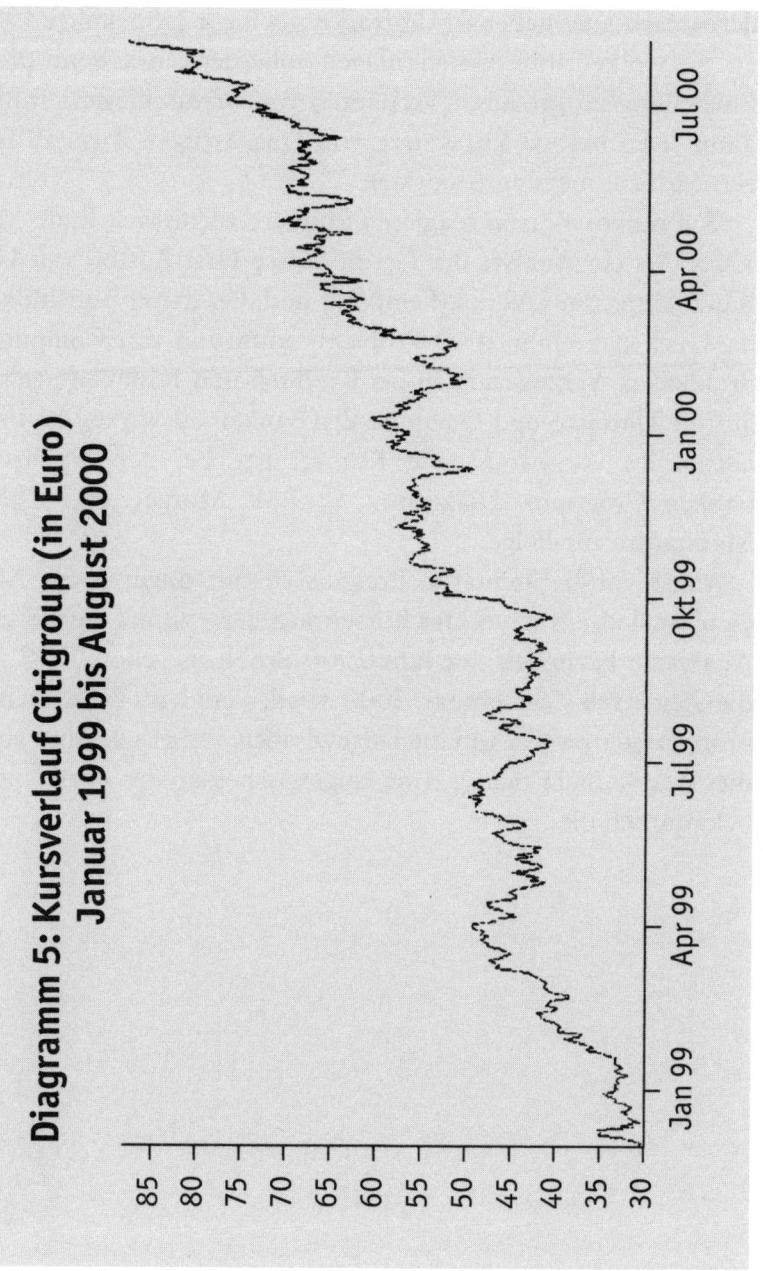

Diagramm 5: Kursverlauf Citigroup (in Euro) Januar 1999 bis August 2000

der Amerikaner gaben in Umfragen noch zur Jahresmitte 1999 an, sie wollten ihre Aktienanlagen »überdenken«. Wenn diese Einstellung zu größeren Verkäufen von Privatanlegern führe, dann seien heftige Kursstürze von crashartigem Ausmaß unvermeidlich, meinten Analysten.

Wie nervös Börsen reagieren können, zeigte sich Ende Mai 1999. Als ein Analyst der Credit Suisse First Boston vier US-Bank-Aktien zum Verkauf empfahl und dies damit begründete, dass sich das »Jahr-2000-Problem« aufgrund von Computerproblemen, Verzögerungen bei Krediten und Fusionen negativ auf die Umsätze und Gewinne der Banken auswirken könnte, hatte dies vorübergehende Kursverluste bei den US-Großbanken Citigroup (Diagramm 5), J. P. Morgan und Chase Manhattan zur Folge.

Angst vor befürchteten Ereignissen mit ungewissem Ausgang ist stets ein schlechter Börsenratgeber – zumal die meisten Analysten bezüglich des Jahr-2000-Problems schon 1999 für die Zeit nach dem Januar 2000 wieder goldene Börsenzeiten prophezeiten, weil dann die Ungewissheit vorbei sei. Aber auch dies war so nicht richtig – die Ungewissheit an der Börse endet bekanntlich nie.

■ **Falle 4**
Prognosen aufgrund von Statistiken

Viele Kleinanleger in Deutschland machten erstmals 1996 Bekanntschaft mit Aktien, als die Deutsche Telekom an die Börse ging. Innerhalb von 30 Monaten hatte sich der Kurs verdoppelt – nicht nur der Kurs der Telekom (Diagramm 6), sondern auch der des DAX, des Deutschen Aktienindex, der einen gewichteten Durchschnitt der Kurse der 30 bedeutendsten deutschen Unternehmen darstellt.

Derartige Kursgewinne lösen Vertrauen in die Aktienmärkte aus: »Was ich erlebt habe, habe ich erlebt.« Die Schlussfolgerung des Anlegers: »Am Aktienmarkt verdoppeln sich die Kurse offenbar wenigstens alle drei Jahre. Wie dumm war ich, dass ich nicht schon längst all mein Geld in Aktien gesteckt habe.«

Früher habe man die Unternehmenswerte verkannt; jetzt hingegen stünde man vor glänzenden Zeiten. Unternehmen seien Goldgruben. Wenn US-Zentralbankchefs wie Alan Greenspan und sein Vorgänger Paul Volcker der Meinung seien, das US-Kursniveau sei seit 1996 nicht mehr normal, dann zeige dies nur, wie wenig sie die neue Zeit verstanden hätten.

So prognostizierte im Herbst 1999 Joachim Brandmaier, Herausgeber von *Börse aktuell*, einen Dow-Jones-Index von 20 000 Punkten »in weniger als fünf Jahren«. Und er erläuterte auch, wie er zu dieser Prognose kam. Es handele sich um eine

32 Die gefährlichsten Börsenfallen

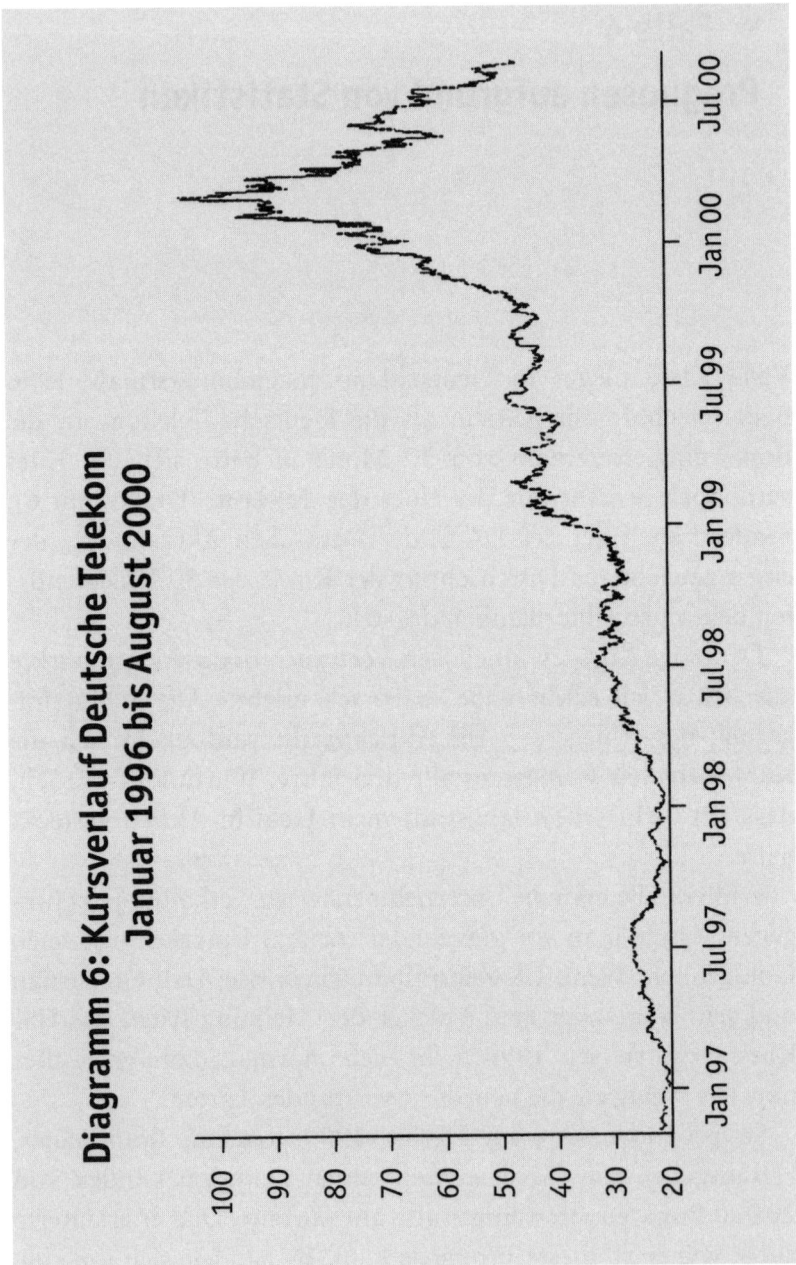

Diagramm 6: Kursverlauf Deutsche Telekom Januar 1996 bis August 2000

einfache Zinseszinsrechnung. Der Dow-Jones-Index habe von 1985 bis 1999 durch Kurssteigerungen eine jährliche Rendite von 14 Prozent geboten. Setze sich dies fort – und dies stand für Brandmaier außer Frage –, dann müsse sich der Dow-Jones-Index (Mitte Oktober 1999 stand er bei 10 500 Punkten) in fünf Jahren erneut verdoppeln.

Ob es historisch wirklich die Regel war, dass sich Aktienkurse in wenigen Jahren verdoppelten, oder ob die Jahre 1996 bis 1999 eine historische Ausnahmesituation waren, schien ihn nicht zu interessieren. Der Analyst Hartmut Jaensch, Bocholt, wies nach, dass der durchschnittliche jährliche Anstieg des Dow-Jones-Index von 1901 bis 1999 gerade einmal 5,3 Prozent betrug, kaum mehr, als mit einer langlaufenden Anleihe zu erzielen gewesen wäre. Aber Berechnungen über so lange Zeiträume interessieren ja nicht; für die meisten Börsenbeobachter gelten als Maßstab für künftige Renditen leider immer nur die letzten Jahre.

Ende 2004 waren übrigens die von Brandmaier genannten fünf Jahre vorbei. Der Dow-Jones-Index stand da bei 10 783 Punkten, also kaum höher als zum Zeitpunkt der Prognose im Jahr 1999.

Winston Churchill soll einmal gesagt haben, er glaube nur den Statistiken, die er selbst gefälscht habe. Ohne dass ich mich diesem Satz völlig anschließen wollte, stehe ich den Statistiken über die Überlegenheit der Anlageform Aktie sehr misstrauisch gegenüber. Wer eine besonders gute Performance belegen will, beginne am besten im März 2003, als die Kurse extrem niedrig waren. Wer seriöser wirken und Kurssteigerungen über einen längeren Zeitraum belegen will, der nehme am besten das Jahresende 1992. Da lag der DAX noch bei 1545 Punkten, nach drei schwächeren Börsenjahren.

In einer Ausgabe des *Spiegel* von 1999 war zu lesen:

»Wer jeden Monat 500 DM in einen AS-Fonds zur Alterssicherung anlege, rechnet der Bundesverband Deutscher Investment-Gesellschaften vor, verfüge nach 30 Jahren über ein Endkapital von mehr als 1,3 Millionen Mark. Das lehre die Erfahrung mit deutschen Aktienfonds.«

In diese »Erfahrung« wurden sicherlich die Jahre 1993 bis 1999 bevorzugt eingebracht.

Was dabei jedoch nicht vergessen werden darf: Die Statistik wird dadurch verzerrt, dass diese sieben Jahre Ausnahmejahre an der Börse waren. Wird nämlich eine Statistik direkt nach einem Höchststand erstellt, erscheinen gegenüber den aktuellen Kursen sogar Kursausschläge beispielsweise um 40 Prozent nur noch als kleine, unwesentliche Korrekturen, vorausgesetzt, sie liegen lange genug (also zum Beispiel 20 oder 30 Jahre) zurück. Weshalb viele Aktionäre immer noch diesem Irrglauben von automatischen jährlichen Kurssteigerungen um 10 bis 20 Prozent anhängen, lässt sich nur damit erklären, dass sie wenig über die vergangenen Börsenzeiten wissen und von den jüngsten Kurssteigerungen verwöhnt sind.

Nach einer Reihe von sehr guten Börsenjahren ist eben die Wahrscheinlichkeit wieder sehr viel größer, dass eine mehrjährige Korrekturphase einsetzt, die gewisse Übertreibungen ausgleicht. Überdurchschnittliche Kursgewinne der letzten fünf Jahre dürfen folglich nicht zu entsprechenden Hochrechnungen auf die nächsten fünf Jahre verleiten.

Man betrachte einen Anleger, der im Jahr 1960 deutsche Aktien kaufte, sie 20 Jahre liegen ließ, während die Inflation im Gange war, und dann im Jahr 1980 feststellen musste, dass seine Bestände rund 20 Prozent an Wert eingebüßt hatten. Ein solcher Anleger hätte den Spruch von der Überlegenheit der Aktie wohl nur als Verhöhnung empfunden. Das gilt auch für den US-Investor, der im Januar 1973 eingestiegen war und

bis Januar 1978 ebenfalls 20 Prozent Verlust eingefahren hatte (Diagramm 7).
Noch aus einem weiteren Grund gilt es, sehr aufzupassen. Es gibt immer wieder Zeiten, in denen Aktienindizes nicht mehr repräsentativ sind, weil die Fondsmanager aus Bequemlichkeit dazu neigen, hauptsächlich solche Aktien ins Depot nehmen, die in den großen Indizes enthalten sind.

In den Ausnahmejahren zwischen 1993 und 1999 bewirkten sehr viele günstige Umstände, dass die Aktienkurse und deren Indizes stetig stiegen:

- Die *Konkurrenz unter den Fonds* sorgte dafür, dass diese nun das Letzte aus ihrer Anlage herausholen mussten. Unter anderem verstärkten sie den Druck auf die Unternehmen, dass die Unternehmenspolitik weitgehend nach dem Shareholder-Value-Prinzip, also der Wertsteigerung der Aktie, ausgerichtet werden musste und unrentable Unternehmensteile schnell aufgegeben wurden.
- Wegen der *Immobilienkrise*, die durch zu viele Neubauten zwischen 1989 und 1994 entstand und damit zu einem Preisverfall an diesen Märkten führte, erschienen Aktien als die bessere Anlage.
- Vor allem das Ende der Inflation und die damit verbundene *Halbierung der Zinsen* zwischen 1994 und 1998 bewirkten eine stärkere Anlage in Aktien.

Da es für Anleihen nur noch halb so viel Zinsen wie vor einem Jahrzehnt gab, durften Aktienanlagen auch doppelt so teuer sein, um trotzdem noch als Anlage konkurrieren zu können.

Aber es musste schon damals im Grund klar sein, dass man diese günstigen Umstände nicht einfach weiter auf die nächsten Jahre hochrechnen konnte. Der kometenhafte Anstieg der Aktien in den USA und Europa in den 1990er Jahren war nur

36 Die gefährlichsten Börsenfallen

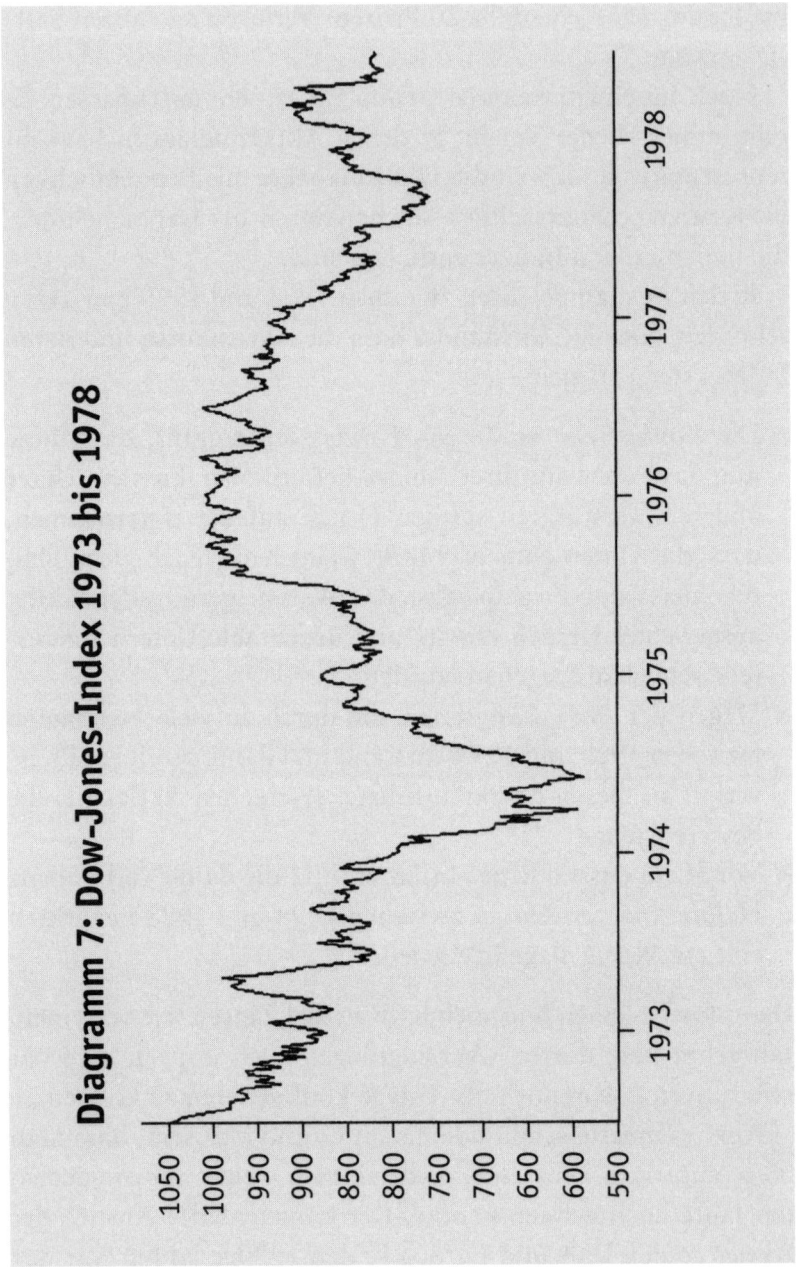

Diagramm 7: Dow-Jones-Index 1973 bis 1978

möglich, weil sich die Inflationsraten und damit die Zinsen halbierten, überteuerte Sachwerte wie Immobilien und Gold an Ansehen verloren und gleichzeitig die Konzernchefs alles taten, um mithilfe von Rationalisierungen und Produktivitätssteigerungen den Unternehmenswert zu erhöhen – weil sie letztendlich selbst davon profitierten.

Eine Wiederholung dieser Faktoren war jedoch nicht möglich. Weder konnten sich die Zinsen noch einmal halbieren, noch konnte die Produktivität in den Unternehmen erneut schlagartig verbessert werden.

Das Fazit hieraus für den Anleger: Man muss, gerade wenn die herrschende Stimmung positiv ist, jedes Warnzeichen wie steigende Zinsen oder einen schwächeren Dollar verstärkt beachten. Käufe sind immer gefährlich, solange verschiedene Zinsen immer noch neue Hochs ausbilden, der Ölpreis steigt, der Dollar schwach ist und an den Weltmärkten so viel »Spielgeld« zirkuliert, dass schnelle, heftige Bewegungen nach unten nicht auszuschließen sind, wenn die Angst der Anleger wieder einmal größer wird als ihr Optimismus.

Es wird in den kommenden Jahren sowohl Übertreibungen nach oben als auch nach unten geben, die man für Käufe und Verkäufe nutzen muss. Sich naiv Monat für Monat »als Alterssicherung« Aktien zu kaufen und einfach liegen zu lassen, so wie es Daueranleger mit Fonds machen, wird künftig keine große Rendite mehr bringen.

Falle 5
Orientierung am Aktienindex

Seit mehr als einem Jahrhundert orientieren sich Anleger an den Aktienindizes, wenn sie schnell erfahren wollen, ob die Aktienkurse an einem bestimmten Tag gestiegen oder gefallen sind. Mehr oder weniger bewegen sich Aktien im gleichen Trend, sodass ein Index, sofern er repräsentative Aktien umfasst, immer eine gute Hilfe ist. Die Amerikaner orientieren sich meist am Dow-Jones-Industrial-Index, der 30 Aktien umfasst, oder am Standard-&-Poor's-500-Index, in dem 500 Aktien vertreten sind. Wer die Kursentwicklung der kleineren US-Hightech-Werte im Auge behalten möchte, achtet auf den Nasdaq-Composite-Index, der alle Titel dieses Börsensegments repräsentiert.

In Deutschland richtete man sich jahrzehntelang nach dem Commerzbank-Index oder dem FAZ-Index, die sich aus den Kursen der 100 größten deutschen Aktiengesellschaften errechnen. Ab 1988 trat der DAX immer mehr in den Vordergrund. Er enthält die 30 wichtigsten deutschen Aktien, wobei eine Kommission der Deutschen Börse darüber entscheidet, welche die wichtigsten sind. Neben der Unternehmensgröße spielen auch die Börsenumsätze und die Gewichtung in der betreffenden Branche eine erhebliche Rolle.

Nun ist aber festzustellen, dass durch die Indizes in den Jahren 1996 bis 2002 ein völlig falsches Bild vom Aktienmarkt entstand. Der Grund dafür ist, dass die Aktienfonds fast ausschließlich diejenigen Aktien kauften, die in den großen Indizes enthalten waren, und dadurch deren Kurse in die Höhe trieben. Durch ein derartiges Verhalten verlieren die Indizes ihre ursprüngliche Funktion, die darin besteht, ein repräsentatives Gesamtbild von den jeweiligen Aktienmarktsegmenten zu vermitteln.

Am deutlichsten war diese Verzerrung sichtbar bei einem Vergleich der Kursentwicklungen des DAX und des MDAX (Diagramm 8). Während der DAX von 1996 bis Mitte 2000 um 330 Prozent zulegte, schaffte der MDAX, der die 70 größten Aktien unterhalb der Ebene des DAX enthält, im selben Zeitraum nur ein Plus von 181 Prozent. Der Grund war nicht, dass die Gewinne der im DAX enthaltenen Unternehmen im Durchschnitt stärker gestiegen wären. Nein, es waren allein die Größe und der Bekanntheitsgrad der DAX-Titel, die die Fonds dazu veranlassten, vorwiegend dort einzusteigen.

Aber auch innerhalb eines Index gibt es große Unterschiede im Kursverhalten. Da rücken diese oder jene Aktien in den Vordergrund, die gerade in Mode sind, die »man unbedingt haben muss«, während andere völlig vernachlässigt werden. Der Herdentrieb der Fondsmanager sorgt dafür, dass lange Zeit immer wieder dieselben, von Analysten angepriesenen Aktien bevorzugt gekauft werden.

Noch vor 20 Jahren war es relativ unwichtig, ob sich eine Aktie in einem Index befand, und wenn ja, in welchem. Sie wurde gekauft, wenn sich die Gewinnlage eines Unternehmens verbesserte. Heute können sich viele Fonds offenbar eine gründliche Fundamentalanalyse aus Zeit- und Kostengründen immer weniger leisten. So scheint es nur noch interessant zu sein, ob eine Aktie in einem bekannten und beliebten Index enthalten ist – sei dies der DAX, der Euro Stoxx 50, der Stoxx 50, der

Die gefährlichsten Börsenfallen

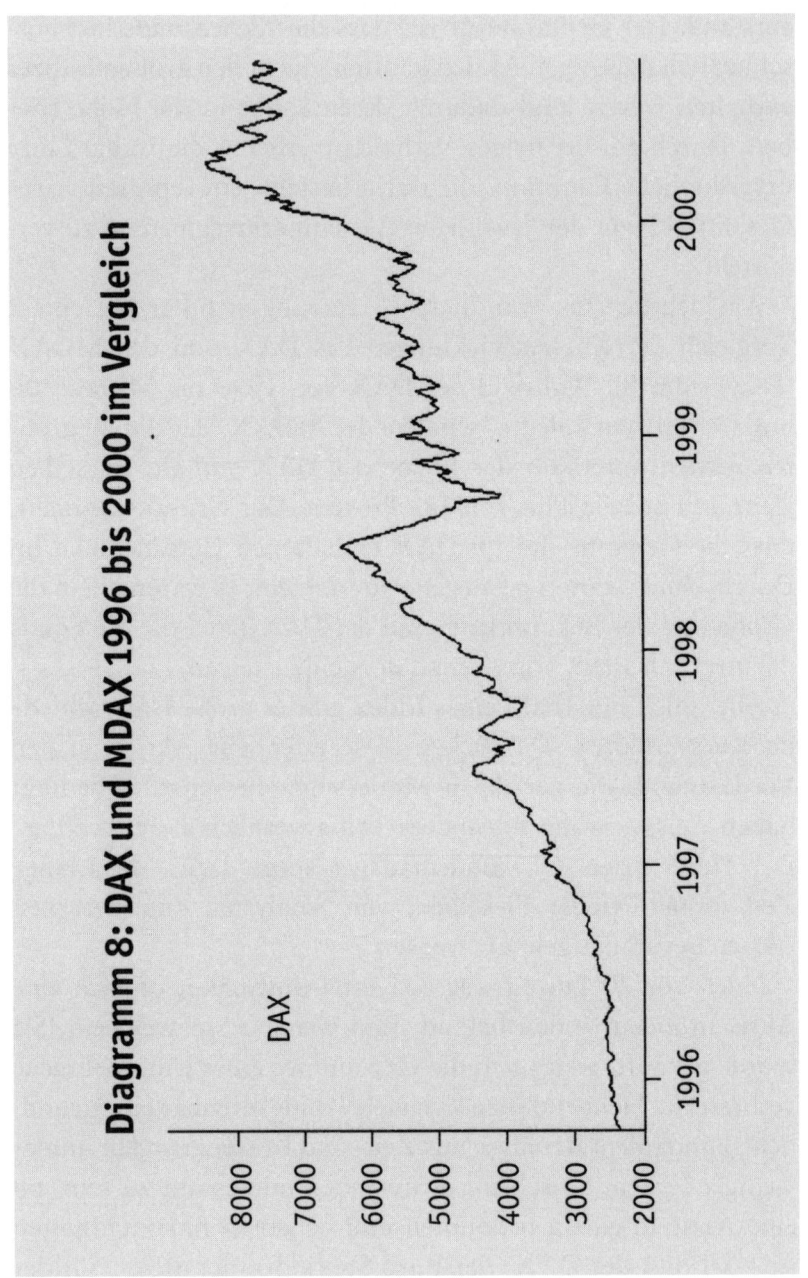

Diagramm 8: DAX und MDAX 1996 bis 2000 im Vergleich

Orientierung am Aktienindex 41

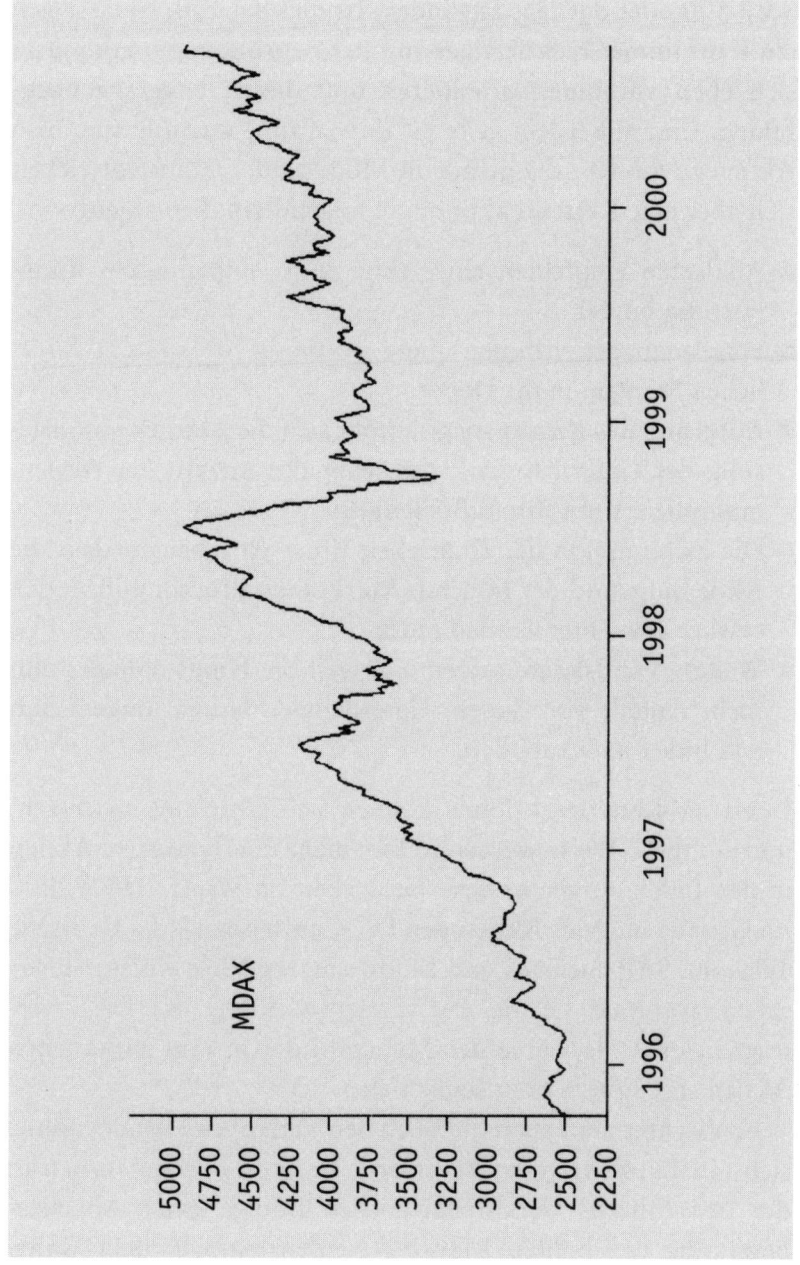

S&P-500 oder der Nasdaq-Index. Ist dies der Fall, so lässt sich ein Kauf immer rechtfertigen mit der Begründung, man müsse sich eben am Index orientieren und diesen ungefähr nachbilden. Und außerdem gelte es, das zu tun, was alle tun, also Aktien zu kaufen, die gerade in Mode sind. Daraus entwickelt sich aber eine Kettenreaktion, die folgendermaßen abläuft:

- Analysten empfehlen eine Aktie zum »unbedingten Kauf« (»strong buy!«).
- Fondsmanager nehmen diese Aktie in überdurchschnittlichen Mengen in ihr Depot.
- Aufgrund des Kursanstiegs erhöht sich die Marktkapitalisierung des Unternehmens, das heißt die Anzahl der Aktien, multipliziert mit ihrem Börsenkurs.
- Die Kommission der Deutschen Börse entscheidet, dass die Aktie aufgrund der höheren Marktkapitalisierung im Index stärker gewichtet werden muss.
- Weitere Fondskäufe setzen ein, weil die Fondsmanager nun mehr Anteile von diesem Unternehmen halten müssen, um den Index nachzubilden.

Derartige Kettenreaktionen können sich jahrelang fortsetzen, und auf diese Weise werden immer mehr überbewertete Aktien in den Index aufgenommen. So trieben im Winter 1999/2000 im Grunde nur vier Aktien den DAX nach oben – die Deutsche Telekom, SAP, Siemens und Mannesmann. Viele Anleger übersahen, während sie die Aufwärtsentwicklung des DAX verfolgten, dass die Kurse der Mehrzahl der in ihm enthaltenen Aktien stagnierten oder sogar fielen.

Beobachtet man ausschließlich den Verlauf eines Index, ohne sich um Einzelwerte zu kümmern, so kann dies gefährlich in die Irre führen. Gefahrenanzeichen infolge einer Abwärtsbewegung des breiten Marktes werden einfach nicht wahrgenommen, weil man sich in einer steilen Aktienhausse wähnt. Dabei müssten Anleger wissen: Nicht ausschließlich die Höhe eines Aktienindex darf für Käufe und Verkäufe am Aktienmarkt maßgeblich sein. Mehr denn je ist es künftig nötig, sich auch mit den Kursbewegungen der möglichen Kaufkandidaten selbst zu befassen.

Falle 6
Die eigene Psyche

Neuerdings beschäftigen sich Verhaltensforscher mit dem Verhalten der Anleger an der Börse. »Behavioral Finance« ist das Schlagwort für eine Finanzmarkttheorie, die die Kursentwicklungen mit menschlichen Verhaltensweisen zu erklären versucht. Professor Martin Weber, Leiter der Behavioral Finance Group in Mannheim, sieht in einem Interview des Magazins *Der Spiegel* als häufigsten Fehler der Anleger an, dass sie bei steigenden Kursen viel zu früh verkaufen, bei fallenden Kursen hingegen viel zu spät. Das gelte nicht nur für Börsenneulinge, sondern auch für Profis.

Auch beim Kauf werden Fehler gemacht. Während die meisten Anleger zu Beginn eines Börsenanstiegs sehr vorsichtig sind, weil sie der Hausse noch nicht trauen, setzt schon bald die Reue darüber ein, dass man zu der Zeit, als die Aktien noch preiswert waren, nur »gekleckert« hat anstatt zu »klotzen«. Mit wesentlich höherem Einsatz soll dann bei hohen Kursen das Versäumte nachgeholt werden. Der Mut für diese zusätzlichen Käufe erwächst nur aus der Tatsache, dass doch schließlich alle kaufen, dass alle Meldungen so positiv seien und sich so viele Fachleute, die zum Kauf raten, wohl nicht irren könnten. Meist ist es aber so, dass die Kurse in dem Moment, wenn alle genügend Mut geschöpft und gekauft haben, bereits wieder zu fallen beginnen.

Wenn es um die praktischen Schlussfolgerungen der »Behavorial Finance« geht, sind die Forschungsergebnisse, die doch den Anspruch erheben, Börsenbewegungen aufgrund von Kenntnissen menschlicher Verhaltensweisen erfassen zu können, zwar interessant, aber noch nicht so griffig, dass man auf ihnen Börsenprognosen aufbauen könnte.

Es geht an der Börse offenbar nicht darum, wie man selbst eine Aktie oder einen Aktienindex einschätzt, sondern wie man die Meinung und das Börsenverhalten der Mehrheit aller Börsenteilnehmer analysiert. Dies scheint aber nicht so einfach zu sein. Es ist wohl leichter, die Umlaufbahnen von Satelliten um die Erde zu berechnen als das Verhalten hysterischer Anleger, die dringend kaufen oder verkaufen wollen.

Als gesichert gilt bisher nur die Erkenntnis, dass die Börse keineswegs nur ökonomischen Gesetzmäßigkeiten folgt, sondern davon abweicht und scheinbar zufällige, irrationale oder unverständliche Ergebnisse produziert. Man weiß auch, woran dies liegt: an der »kollektiven Dummheit«. Dieser Begriff stammt von dem Kleingruppenforscher H. D. Schneider (1985) und besagt, dass kollektive Entscheidungen keineswegs qualitativ besser ausfallen als die einer Einzelperson. I. L. Janis (Boston 1972) stellte in verschiedenen Untersuchungen über Gruppenentscheidungen fest, dass gerade eine Gruppe sich gegenseitig beratender Personen tatsächliche Risiken nicht mehr wahrnimmt und rasch beiseiteschiebt. Selbst Fachleute verfallen oft der Annahme, eine hohe Meinungsübereinstimmung bürge für Richtigkeit.

Tatsächlich aber ist – gerade an der Börse – meist das Gegenteil der Fall: Großer Optimismus hat in der Mehrzahl der Fälle fallende Kurse zur Folge, nach großem Pessimismus hingegen steigen die Kurse meist.

Dass die Entscheidungsfindung bei vielen Anlegern oft völlig irrational verläuft, zeigen die folgenden Psychofallen:

- Einstieg bei hohen Kursen aufgrund eines Herdentriebs;
- Überoptimismus durch Schlagzeilen in den Medien;
- Käufe in zu großen Mengen – die Gier wächst in der Hausse-Schlussphase;
- selektive Wahrnehmung – nur Fakten, die mit der vorgefassten Überzeugung übereinstimmen, werden zur Kenntnis genommen;
- weitere Überinvestition durch Nachkaufen;
- Angstverkäufe (»Raus, nur so schnell wie möglich raus!«);
- Stimmungskauf (»Die Charts zeigen ja an, dass es wieder hinaufgeht! Soll ich vielleicht mein Leben lang den gestiegenen Kursen nachtrauern?«);
- eigensinnige Durchhalteparolen (»Ich kann nicht verkaufen, da würde ich ja Verluste realisieren«).

Fast tragisch ist es, dass einfühlsame, anpassungsfähige, des Zuhörens fähige Menschen es zwar im Leben leichter haben, weil sie beliebt sind – aber an der Börse oft scheitern, weil sie sich nicht von der Herde lösen und nicht das Gegenteil dessen tun können, was gerade alle anderen tun. An der Börse sind die Gewinner eher die Einzelkämpfer, die der gerade herrschenden Stimmung äußerstes Misstrauen entgegenbringen. Sie erkennen Trendwenden sehr viel schneller als die breite Herde, hören kaum auf Meinungen und Kommentare anderer und handeln nicht nach Gefühl, sondern nach objektiven Signalen.

Selbsterkenntnis und die Fähigkeit, aus eigenen Fehlern zu lernen, die nicht im Börsenwissen, sondern in der eigenen Psyche begründet sind, sind die Grundvoraussetzungen für den Börsenerfolg. Wie kann man sich vor unüberlegtem Handeln an der Börse aufgrund massenpsychologischer Einflüsse schützen?

Peter Salovey, Psychologe an der Yale-Universität, und Daniel Goleman, Psychologe und Journalist, haben den Begriff

»emotionale Intelligenz« geprägt. Darunter versteht man die Fähigkeit, eigene Gefühle wie Gier, Schwermut, Gereiztheit und Angst zu erkennen, laufend zu beobachten und zu verstehen. Zum Beispiel kann realistischer Optimismus eine Haltung sein, die einen Menschen davor bewahren kann, in Apathie, Hoffnungslosigkeit oder Depression zu verfallen. Naiver Optimismus hingegen kann verheerend sein.

Falle 7
Der Herdentrieb

Die Aufbruchstimmung für Aktien verfestigte sich in den 1990er Jahren in einem sozialen Druck zum gleichförmigen Handeln, dem sogenannten Herdentrieb. »Ohne jegliche fundamentale Begründung imitieren die Menschen ihre Artgenossen«, meinte Professor Werner de Bondt, Universität Wisconsin. »Bei der Wahl zwischen zwei Restaurants entscheidet man sich für dasjenige, in dem mehr Leute sitzen«, erklärte er auf einer Portfoliomanagement-Tagung in Frankfurt 1999.

Die Medien spielen bei der Bildung des Herdentriebs eine wichtige Rolle. So habe der US-Arzneimittelhersteller ENMD 1997 ein Medikament zur Behandlung von Krebs entwickelt. Die Nachricht erschien zunächst nur in einem Fachblatt. Als die *New York Times* sechs Monate später diese Meldung auf die Titelseite brachte, sei der Kurs am Tag darauf um mehrere hundert Prozent gestiegen – obwohl sich jeder Anleger eigentlich vor dem Kauf gründlich informieren müsste, wie weit diese Meldung schon in die bisherige Kursbildung eingeflossen ist, wie die Gewinnaussichten des Unternehmens für die nächsten Jahre einzuschätzen und ob von daher noch große Kurssteigerungen gerechtfertigt sind.

Doch so viel Zeit nehmen sich die Käufer ohnehin nicht, wenn die Herde sich geschlossen auf eine Aktie stürzt. »Wo alle hingehen, muss doch etwas zu holen sein«, ist die Grundüberzeugung des Herdenläufers. Der Herdentrieb zeigt zeitweilig schon religiöse Strukturen.

Wenn die Börse zum Lebensmittelpunkt wird – diese Bedeutung hat sie bei einigen Zeitgenossen inzwischen erreicht –, dann ist sie in gewisser Weise mit einer religiösen Gemeinschaft vergleichbar. So wird mit großer Medienunterstützung eine »Börsengemeinde« geschaffen, die alles aufweist, was ansonsten religiösen Gruppen vorbehalten ist. Da gibt es Heiligtümer, um die sich alles dreht (die Aktie, die Börse, der DAX, der Dow-Jones-Index) und die ihr Gemeindemitglied belohnen oder bestrafen können. Da gibt es Priester, die Börsengurus, die erläutern, was der verehrten Gottheit gefällt oder missfällt, und was geschehen muss, damit sie der Gemeinde wieder freundlicher gestimmt ist.

Der *Spiegel*-Reporter Matthias Matussek schilderte Ende der 1990er Jahre in einem Bericht, wie der Börsenalltag allmählich das ganze Leben in Beschlag nahm.

»Die Tage sind klarer strukturiert. Sie beginnen um 7:15 Uhr mit ›Märkte am Morgen‹ auf n-tv. ... Nach diesen Übungen vor dem Fernseher, die wir Kleinanleger so peinlich genau einhalten wie Strenggläubige die Gebete nach Mekka, beginnt der Tag. ... Es sind Tage der Selbstbegegnung, denn die Börse ist pures Zen. Du hast deine Gefühle unter dem Vergrößerungsglas. Schau sie dir genau an: Gier, Neid, Schadenfreude, Hass, Angst, Panik, alles gute alte Bekannte, von denen du nie etwas wissen wolltest und die jetzt mit dir qualmend auf der Sofakante sitzen und n-tv gucken.«

Nach den Kurseinbrüchen im Jahr 2001 wurde es um die Börse wieder stiller. Mit der Abwärtstendenz ging auch das Medieninteresse zurück. Viele Anleger kehrten der Börse endgültig den Rücken. Aber der sich anschließende Kursaufschwung brachte vier Jahre später wieder eine Wende. Erneut ist vielen Anlegern die Vorstellung fremd, dass die Kurse auch fallen können.

Nach wie vor sind die Beobachtungen des französischen Arztes und Psychologen Gustave Le Bon (1841–1931) über die Massenseele und ihre Beeinflussbarkeit und Leichtgläubigkeit hochaktuell. Seine wichtigste Entdeckung war, dass die Masse durch eine gemeinsame Gefühlslage und Grundüberzeugung so fest zusammengehalten wird, als handele es sich um ein Individuum. Als Teilnehmer in einer Masse gehen individuelle Meinungen, Erkenntnisse und Wertvorstellungen weitgehend verloren. Massenempfinden und individuelles Erleben werden eins.

Seltsamerweise ist die Umwandlung des Einzelnen zu einem Teil der Masse unabhängig von seinem Bildungs- und Informationsstand. Das Börsengeschehen im Zeitalter der Massenmedien und der globalen Vernetzung führt daher zwangsläufig zu Massenveranstaltungen und Massenpsychosen in Form von Kauf- und Verkaufswellen. Entscheidungssicherheit erfährt der Einzelne nicht in erster Linie durch die ihm zur Verfügung stehenden Informationen, sondern durch die große Herde. »Was alle tun, kann nicht falsch sein.« Le Bon schreibt in seinem bis heute unübertroffenem Werk *Psychologie der Massen*:

»So parteilos man sich die Masse auch vorstellt, so befindet sie sich doch meistens in einem Zustand gespannter Erwartung, der die Beeinflussung begünstigt. Die erste klar zum Ausdruck gebrachte Beeinflussung teilt sich durch Übertragung augenblicklich allen Gehirnen mit und gibt sogleich die Gefühlsrichtung an. Bei allen Beteiligten drängt die fixe Idee danach, sich in eine Tat umzuformen.«

Man könnte meinen, Le Bon sei schon einmal dabei gewesen, wenn um 14:30 Uhr MEZ US-Zahlen zur Konjunktur veröffentlicht werden und sich sofort an der Börse niederschlagen. Die irrationalen Übertreibungen an solchen Tagen passen völlig zu Le Bons Bild der Masse:

»Der Überschwang der Gefühle in der Masse wird noch dadurch verstärkt, dass er sich durch Suggestion und Übertragung sehr rasch ausbreitet und dass Anerkennung, die er erfährt, seinen Spannungsgrad erheblich steigert. Die Einseitigkeit und Überschwänglichkeit der Gefühle der Massen bewahren sie vor Zweifel und Ungewissheit ... Die Massen kennen nur einfache und übertriebene Gefühle. Meinungen, Ideen,

Glaubenssätze, die man ihnen einflößt, werden daher nur in Bausch und Bogen von ihnen angenommen oder verworfen und als unbedingte Wahrheiten oder ebenso unbedingte Irrtümer betrachtet. So geht es stets mit Überzeugungen, die auf dem Weg der Beeinflussung, nicht durch Nachdenken erworben wurden.«

Auch das Rätsel, weshalb Anleger die fantastischen Geschichten über Aktien im Internet und vom Neuen Markt glaubten und bereit waren, dafür jede Summe zu bezahlen, ist nach Lektüre von Le Bon gelöst:

»Alles hängt von der Art des Anreizes ab, nicht mehr, wie beim alleinstehenden Einzelnen, von den Beziehungen zwischen der eingegebenen Tat und dem Maß der Vernunft, die sich ihrer Verwirklichung widersetzen kann. So muss die Masse, die stets an den Grenzen des Unbewussten umherirrt ..., von einer übermäßigen Leichtgläubigkeit sein. Nichts erscheint ihr unwahrscheinlich, und das darf man nicht vergessen, wenn man begreifen will, wie leicht die unwahrscheinlichsten Legenden und Berichte zustande kommen und sich verbreiten. ... Die Urteile, die die Massen annehmen, sind nur aufgedrängte, niemals geprüfte Urteile ... Die Leichtigkeit, mit der gewisse Meinungen allgemein werden, hängt vor allem mit der Unfähigkeit der meisten Menschen zusammen, sich aufgrund ihrer besonderen Schlüsse eine eigene Meinung zu bilden.«

Wir stehen hier vor einem psychologischen Problem, das in der Fachwelt als »kognitive Dissonanz« bezeichnet wird. Damit ist eine Haltung gemeint, die man in dem Ausspruch zusammenfassen kann: »Bringen Sie mich nicht mit Tatsachen durcheinander! Es ist doch viel schöner, wenn ich meinen bisherigen Weg weitergehen kann anstatt ihn zu korrigieren.«

Falle 8
Selbstüberschätzung

Menschen suchen nicht nur in ihrem Alltag, sondern auch bei ihrer Geldanlage Erfolgserlebnisse. Sie machen bestimmte Erfahrungen, die sich zu einem Bild verfestigen, wie man die Börse in den Begriff bekommen könnte. Dabei unterliegen sie häufig der Gefahr, bestimmte Fakten überzubewerten und gegenteilige Argumente, die verunsichern oder psychischen Schmerz bereiten könnten, zu unterdrücken, anders zu deuten, zu verwässern und zu zerreden. Dieses Phänomen war bisher vor allem in der Politik bekannt, wo Wunschdenken und Ideologien sehr oft die Analyse der Wirklichkeit verzerren. Es gilt aber ebenso für die Börsenlandschaft.

Wie konnte beispielsweise ein kleiner Hersteller von Anrufbeantwortern wie Tiptel in seinen Zukunftsaussichten derart überschätzt werden, wie dies in der Börsenphase zur Jahreswende 1998/99 offenbar geschah? Einige Medienberichte und die Aufnahme in den Neuen Markt genügten offenbar, um spontane Stimmungskäufe auszulösen. Der Kurs sprang von 10 Euro (1997) bis auf 34 Euro im Jahre 1998. Seither ging es abwärts; Anfang 2007 lag der Kurs unter 1 Euro (Diagramm 9).

Wie ist die seinerzeitige Euphorie zu erklären? Sind die Anleger erst einmal optimistisch gestimmt, werden nur die Statistiken und Zahlen herangezogen, die dieses Gefühl bestätigen (sogenannte »selektive Wahrnehmung«). In einer von Optimismus

Selbstüberschätzung

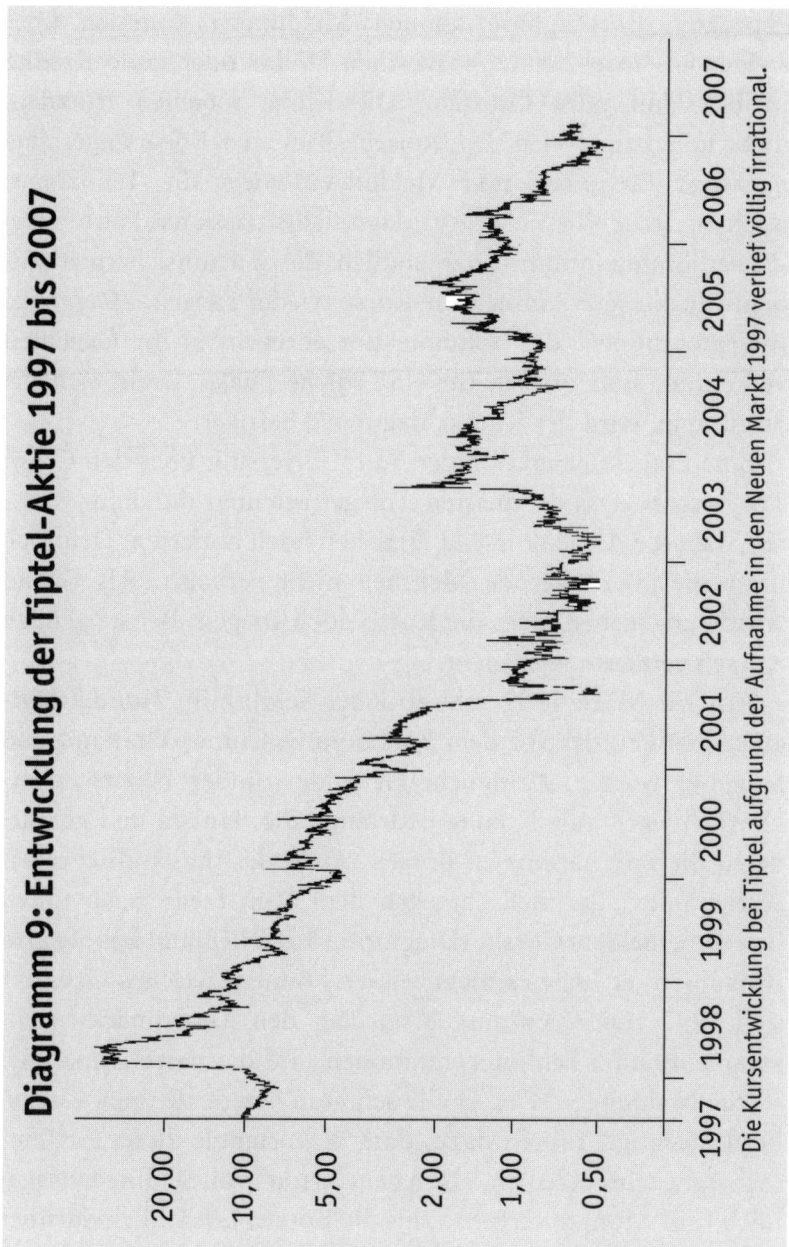

Diagramm 9: Entwicklung der Tiptel-Aktie 1997 bis 2007

Die Kursentwicklung bei Tiptel aufgrund der Aufnahme in den Neuen Markt 1997 verlief völlig irrational.

geprägten Börsenphase können Meldungen kommen über steigende Zinsen, einen schwachen Dollar oder faule Kredite in Russland oder Ostasien: Die Kurse scheinen trotzdem nicht fallen zu wollen. Die stoische Ruhe der Börse angesichts negativer Ereignisse und Meldungen wiegt die Teilnehmer noch zusätzlich in Sicherheit, dass nichts passieren kann. »Die Zinserhöhung nimmt jetzt endlich die Zinsunsicherheit aus dem Markt; jetzt können die Kurse wieder steigen.« Derartige Interpretationen, die bekannte Börsenregeln in ihr Gegenteil verkehren, sind typisch für eine solche Phase. Dreht sich die Stimmung, wird der Rückschlag umso heftiger.

Eine Fragebogenaktion der Yale-Universität über den Crash 1987 ergab, dass die meisten Anleger offenbar durchaus wussten, dass die Aktienkurse übertrieben hoch notierten. Dennoch hatte die überwiegende Mehrheit nicht verkauft. Als Grund wurde angegeben, dass die Kurse doch stiegen. Bei steigenden Kursen verkaufe man nicht.

Am 13. März 1997 schrieb Peter Seidlitz im *Handelsblatt* einen Artikel, der vor dem Bauboom in China, Thailand und Singapur warnte. Zahlreiche Gebäude stünden bereits unverkäuflich leer, faule Kredite bedrohten die Banken und gefährdeten die internationalen Börsen. Auch der thailändische Set-Aktienindex, der sich entgegen dem Welt-Trend nach unten bewegte, meldete Gefahr (Diagramm 10). Niemand konnte also behaupten, er habe es nicht wissen können, welches Gewitter sich 1997 von Asien ausgehend über den Aktienmärkten zusammenbraute. Fehlinterpretationen und die naive Annahme, solche Meldungen seien ja alle schon in den derzeitigen Kursen berücksichtigt, führen dazu, dass Warnsignale dieser Art einfach unbeachtet bleiben. Nach dem Artikel von Seidlitz mussten noch fünf Monate vergehen, bis die Börsen tatsächlich darüber in Panik gerieten. Der Hang-Seng-Aktienindex des Stadtstaates

Selbstüberschätzung 55

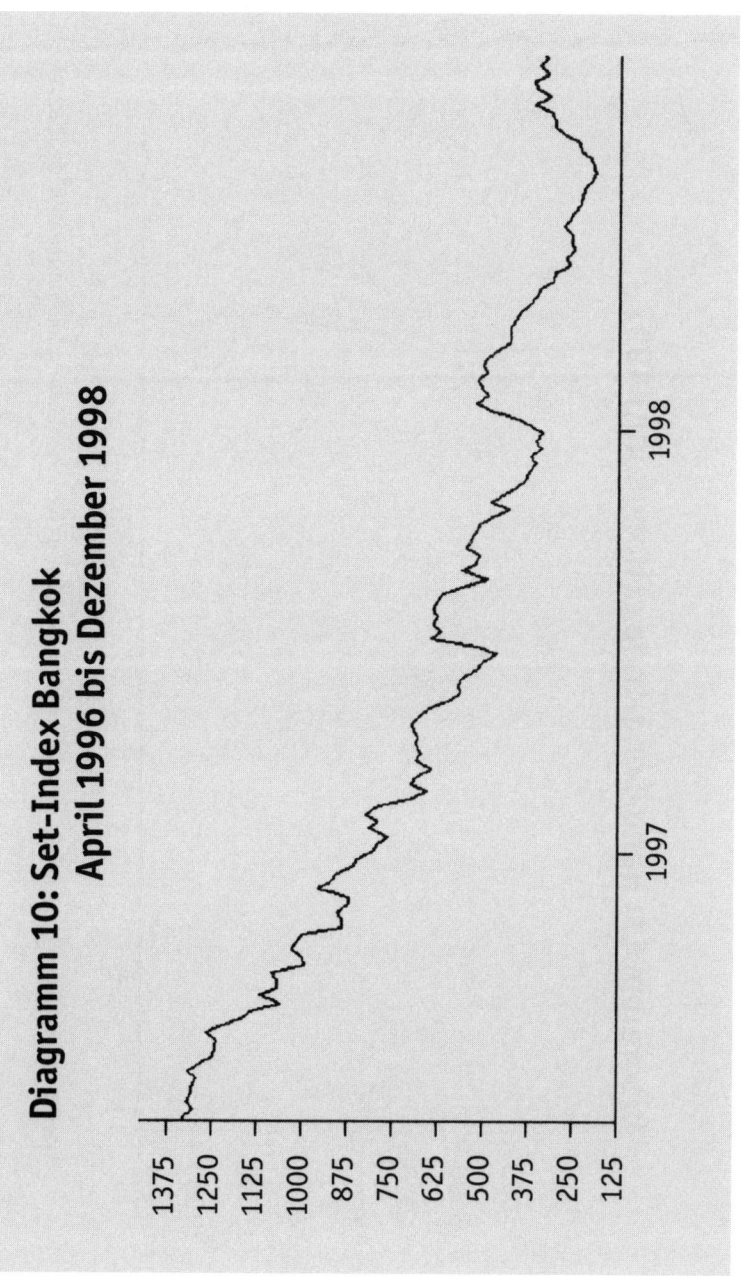

Diagramm 10: Set-Index Bangkok
April 1996 bis Dezember 1998

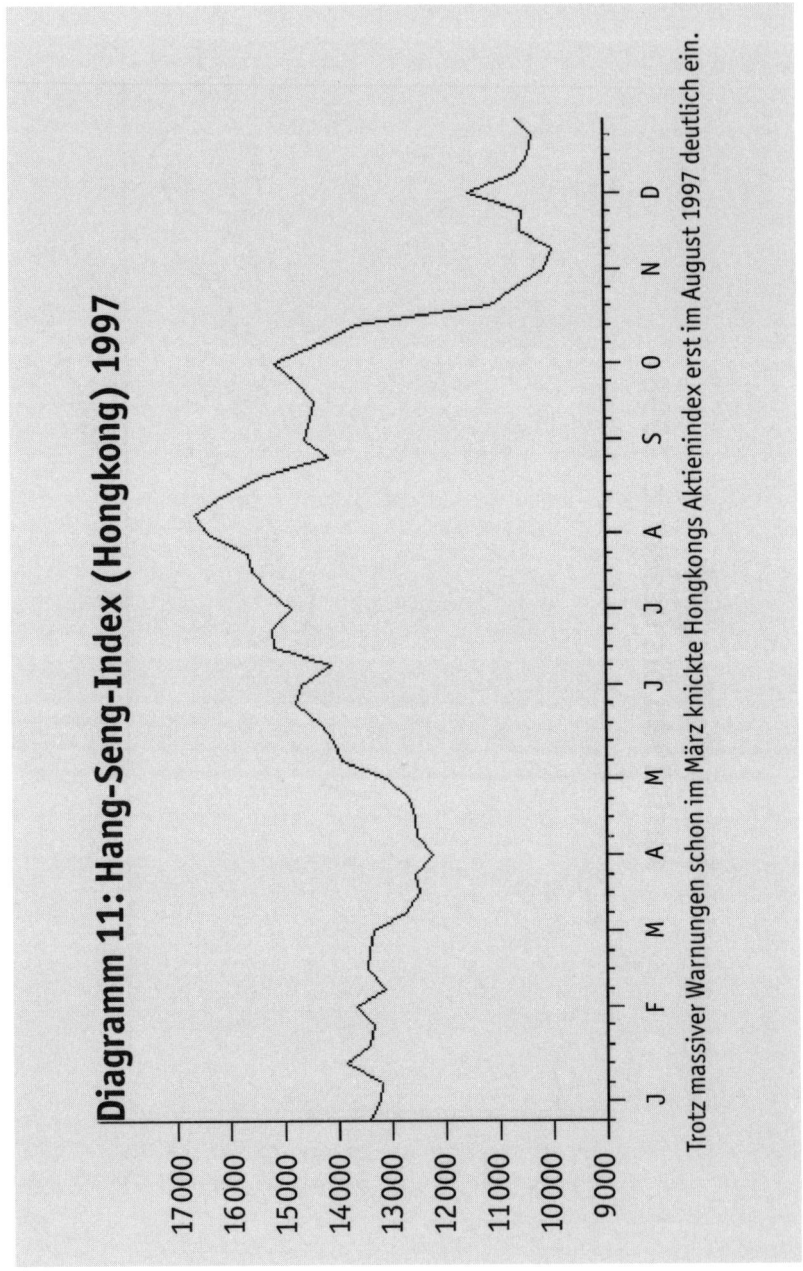

Diagramm 11: Hang-Seng-Index (Hongkong) 1997

Trotz massiver Warnungen schon im März knickte Hongkongs Aktienindex erst im August 1997 deutlich ein.

Hongkong konnte bis zum Sommer 1997 noch kräftige Kurssteigerungen aufweisen, obwohl die Anzeichen der Krise auch dort längst offensichtlich waren (Diagramm 11).

Es ist schon erstaunlich, wie schnell sich falsche Grundüberzeugungen bilden und festigen können. Die Verhaltensforscher haben für eine verzerrte und zu Selbstüberschätzung führende Wahrnehmung den Begriff »Overconfidence Bias« geprägt. Man kann ihn in schlichtem Deutsch ganz einfach mit »Selbstüberschätzung« wiedergeben. Dies führt eben auch dazu, die gebotene Vorsicht bezüglich der Informationsquellen und der Interpretation der Information außer Acht zu lassen – Hauptsache, man fühlt sich wieder einmal bestätigt. Der Volksmund hat für diese Einstellung einen drastischen Spruch bereit: »Dummheit und Stolz wachsen aus einem Holz«. Der US-Ökonom Terrance Odean stellte bei der Auswertung von 35 000 Depots einer Bank übrigens fest, dass es meist Männer sind, die sich selbst überschätzen.

Börsenerfolge können ganz schnell zu Selbstüberschätzung führen. Der erfolgreiche Spekulant hält sich für unschlagbar. Risiken werden nicht mehr wahrgenommen. Die Wachsamkeit lässt nach. Er sieht nur noch, was er sehen will. Gefahren liegen – wenn überhaupt – weit in der Zukunft.

Ähnliche Verhaltensweisen kann man beobachten bei Menschen, die nur beim ersten Sexualkontakt mit einem neuen Partner wirksamen HIV-Schutz betreiben, oder bei Werksangehörigen, die an einem gefährlichen Arbeitsplatz arbeiten und nur am ersten Tag den vorgeschriebenen Körperschutz tragen. Das ist der Grund, weshalb oft selbst hoch qualifizierte Ökonomen an der Psychologie der Finanzmärkte scheitern.

Um die »kollektive Dummheit« zu überwinden, sollte man nach Methoden suchen, die verlässlich messen können, wie viel Optimismus und wie viel Pessimismus sich im Markt befinden, um sich dann vorsichtig bei der Minderheit einreihen zu können.

Wie aber misst man Optimismus und Pessimismus? Ein Stimmungsbarometer hierzu kann die Presse sein. Die Titelseiten von Tageszeitungen oder Zeitschriften, deren Schwerpunkt gewöhnlich nicht die Börsenanalyse ist, geben wertvolle Hinweise. Als der *Spiegel* im Februar 1985 eine Titelgeschichte unter der Überschrift »Superdollar« herausgab, lag der US-Dollar auf einem Zehnjahreshoch bei rund 3,40 D-Mark. Kurz darauf fiel er im Jahresverlauf wieder bis auf Kurse um 2 D-Mark (Diagramm 12).

Am 12. Oktober 1998 hatte eine weltweite Aktienbaisse dramatische Ausmaße angenommen. Der DAX war in gut zwei Monaten um rund 40 Prozent gefallen. *Der Spiegel* titelte: »Krise global. Kippt der Börsencrash die Weltwirtschaft?« Er tat es nicht. Die Kurse hatten ihr Tief überwunden. Schon zwei Monate später hatten der amerikanische Dow-Jones-Index und einige europäische Indizes ihre alten Höchstwerte wieder erreicht. Auch der DAX konnte einen Großteil der Verluste wieder aufholen (Diagramm 13), benötigte aber noch ein weiteres Jahr, bis das Hoch vom Juli 1998 deutlich übertroffen wurde.

Kann man aber aufgrund von Presse-Titelseiten zuverlässige Hinweise auf die jeweilige Stimmungslage ermitteln und von daher auf eine wahrscheinliche Trendumkehr in Kürze schließen? Das ist bedenklich, denn man müsste dann schon systematisch eine große Auswahl von Presseorganen heranziehen und außerdem genau definieren, was eine positive oder negative Börsenmeldung ist.

Jens Ehrhardt, der Herausgeber der *Finanzwoche*, weist in einer Broschüre mit dem Titel *Markttechnik an der Börse* mit Recht darauf hin, dass die Aktienkurse umso gefährdeter seien, je optimistischer und sorgloser sich die Anleger ver-

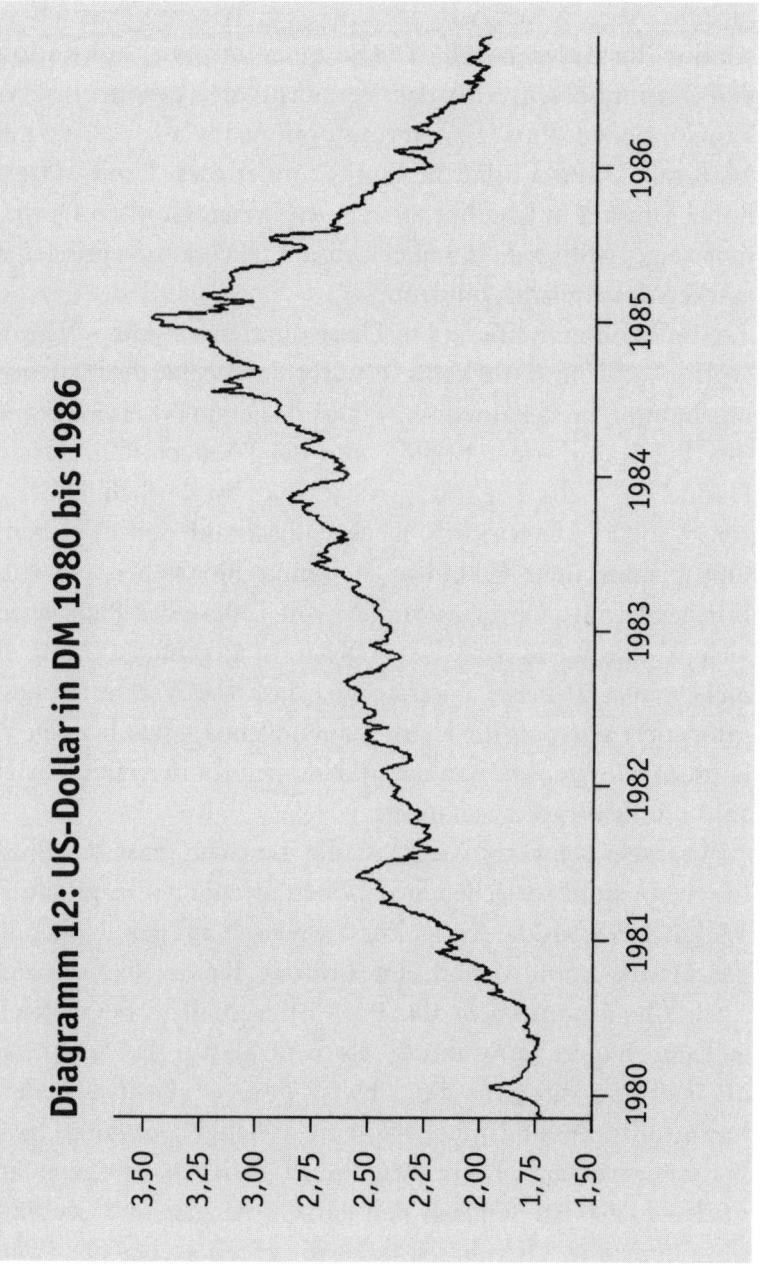

Diagramm 12: US-Dollar in DM 1980 bis 1986

hielten. Aber woher will man wissen, wie optimistisch und sorglos die Anleger sind? Die so genannte Put-Call-Ratio an den Terminbörsen, also das Verhältnis der gehandelten Verkaufsoptionen (Puts) zu den Kaufoptionen (Calls), sei ein guter Maßstab, meint Ehrhardt. Er begründet dies damit, dass ein hoher Umsatz in Kaufoptionen einen hohen Grad an Optimismus zeige, während ein hoher Umsatz in Verkaufsoptionen auf starken Pessimismus hindeute.

Nun kann man über diese These durchaus streiten. Wer eine Option auf eine Aktie kauft, erwirbt das Recht, diese zu einem bestimmten Preis kaufen (bei Calls) beziehungsweise verkaufen (bei Puts) zu dürfen. Erlaubt nun die Beobachtung, dass der Handel in Calls beziehungsweise Puts wesentlich höher als sonst üblich ist, wirklich Rückschlüsse auf den allgemeinen Optimismus oder Pessimismus? Immerhin stehen bei jedem Börsengeschäft, ob beim Handel mit Calls oder Puts, ebenso viele Verkäufer ebenso vielen Käufern gegenüber. Man darf nicht ohne Weiteres unterstellen, dass die Verkäufer besser informiert seien als die Käufer, auch wenn es sich bei den Verkäufern häufiger um Banken und bei den Käufern in der Mehrzahl um Privatanleger handelt.

Was aber schwerer wiegt, ist die Tatsache, dass das System in wichtigen historischen Situationen offenbar versagt hat. Am 17. Juli 1998, als die Aktienkurse weltweit auf dem Höhepunkt der Hausse standen und eine kräftige Baisse folgte, meldete Ehrhardts *Finanzwoche* das Put-Call-Verhältnis bei deutschen Aktien an der Terminbörse als neutral, für DAX-Optionen als neutral/positiv, für die Schweiz positiv. »Positiv« bedeutet hier großen Pessimismus, also eine günstige Ausgangslage für Kurssteigerungen. Diese Meldungen blieben übrigens auch in den folgenden Wochen den ganzen August und September über konstant. Offenbar trauten die Herausgeber der *Finanz-*

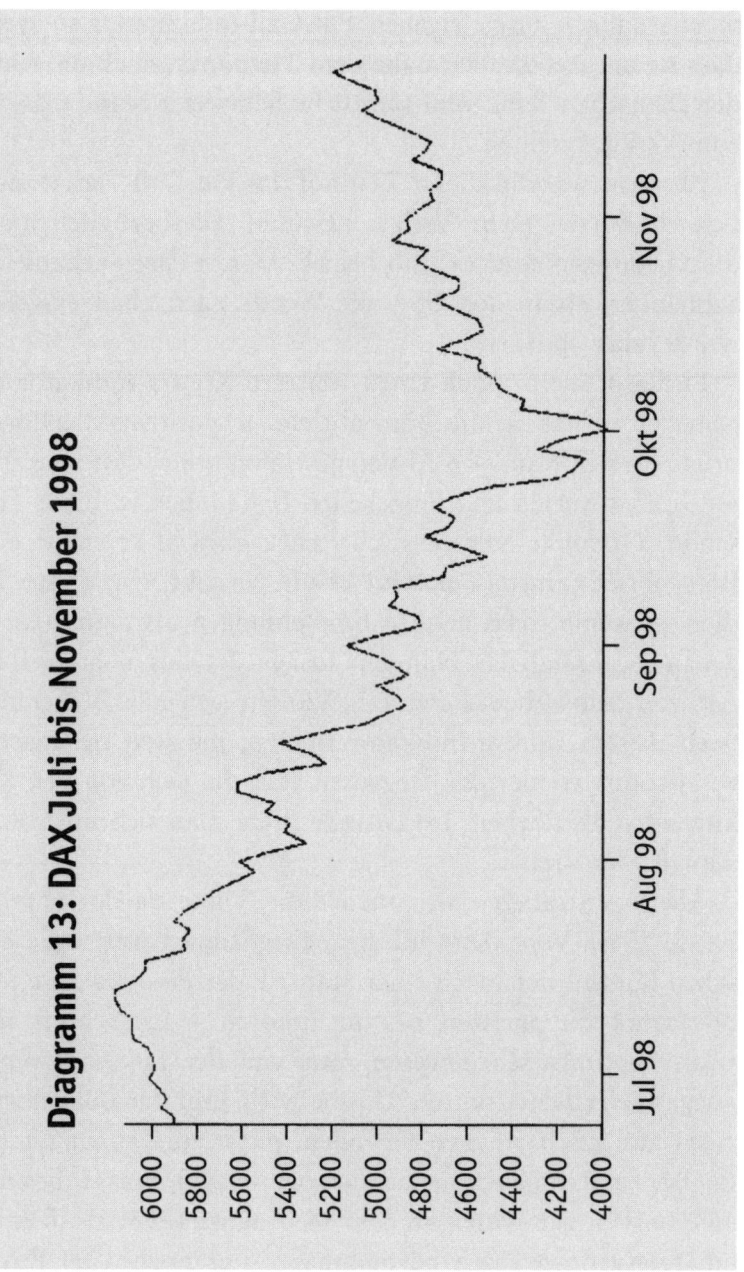

Diagramm 13: DAX Juli bis November 1998

woche danach ihren eigenen Put-Call-Indikatoren so wenig, dass sie am 2. Oktober, nahe dem Tiefpunkt, noch die Aktien der Deutschen Bank und sämtliche Schweizer Standardaktien zum Verkauf stellten.

Übrigens wäre in dieser Zeit auf das Put-Call-Verhältnis an den US-Börsen mehr Verlass gewesen. Diesbezüglich hießen die Meldungen vom 24. Juli bis 21. August eher »negativ«, im September, als in den USA die Wende nach oben eingeleitet wurde, eher »positiv«.

Ehrhardt meint noch einen weiteren Kontra-Indikator ausgemacht zu haben: die Börsenbriefe. Je positiver die Börsenbriefe für den Kauf von Aktien gestimmt seien, desto negativer sei dies zu werten und umgekehrt. Erstaunlich ist diese These schon. Offenbar hält Jens Ehrhardt, obwohl er selbst einen Börsenbrief namens *Finanzwoche* herausgibt, von diesen Medien so wenig, dass er ihre Empfehlungen als Signal für ein genau gegensätzliches Handeln ansieht. Ist dies nicht auch eine Art von Selbstüberschätzung? Würden sich alle Börsenbriefe nach diesem Kontra-Indikator richten, müssten sie anschließend sofort wieder das Gegenteil tun, um sich von den Konkurrenten abzuheben. Im Grunde dreht man sich mit solchen Signalen im Kreise.

Aber kontrollieren wir auch diese These an der Sommerbaisse 1998. Von Mitte Juli bis Mitte August waren die deutschen Börsenbriefe nach einer Statistik der *Finanzwoche* – wie überhaupt die meisten Kommentatoren – im Schnitt noch relativ optimistisch gewesen, was von der *Finanzwoche* als »negativ« gedeutet wurde. Da die Mehrzahl der Börsenbriefe, wohl aus geschäftlichen Gründen, meist zu Käufen rät (und die Börsen dann auch tatsächlich oft steigen), besagt dies nicht viel. Im Übrigen waren ab dem 14. August 1998, als die größten Kursverluste noch bevorstanden, nur noch 12,4 Prozent der deutschen Börsenbriefe positiv gestimmt. Die Pessimisten waren also in der Überzahl. Dies wurde wiederum von der *Finanzwoche* »positiv« gedeutet. Damit lag sie aber bis Ende September völlig schief.

Eine ähnliche Schieflage erlitt die *Finanzwoche* in den Monaten März bis April 2000, als sie einen relativ starken Pessimismus der deutschen Börsenbriefe zu entdecken meinte. Die Schlussfolgerung, die daraus gezogen wurde, nämlich dass die deutschen Aktien steigen müssten, erfüllte sich jedoch nicht. Der DAX verlor von Mitte März bis Ende Mai 2000 rund 15 Prozent an Wert. Die pessimistischen Börsenbriefe hatten also gar nicht so Unrecht.

So interessant die Methode auch ist, kurzfristig gegen den Strom der Masse zu schwimmen, so gibt es doch kein verlässlich funktionierendes System, das aufzeigt, in welchem Moment das »antizyklische Verhalten« beginnen muss. Dass man ab und zu doch zu früh verkauft oder doch noch »in ein fallendes Messer greift«, auch wenn die Signale auf eine Wende nach oben hindeuten, lässt sich niemals ausschließen.

Falle 9
Die Zahlen aus New York

Haben Sie schon einmal erlebt, was passiert, wenn Zahlen aus New York veröffentlicht werden?

Ob es um die Zahl der neu geschaffenen Stellen und die Entwicklung der Lohnstückkosten geht, oder um das Verbrauchervertrauen, die Import- und Erzeugerpreise, die Auftragseingänge, die Handelsbilanz, die Ausgaben für Neubauten und die Beschäftigungszahlen: Stets wartet die ganze Welt fieberhaft auf die Veröffentlichung der Zahlen.

Denn von diesen Zahlen scheint das Wohl und Wehe aller Weltbörsen abzuhängen – zumindest für den betreffenden Tag. Denn am nächsten Tag kommen ja vielleicht schon wieder andere Zahlen, die dann nicht den Sommer-Crash, sondern eine Herbst-Rallye erwarten lassen.

Aber warum müssen es immer die US-Zahlen sein, die die Börsen so wild bewegen? Dazu spottete das *Handelsblatt* einmal:

»Der Aktionär ist schließlich nicht von gestern. Nicht die verstaubt-provinzielle Innenansicht, nein, der große Zusammenhang wird gesucht. ... Und der Erfüllung dieses hehren und zugleich modernen Anspruchs dienen alle zur Verfügung stehenden Zahlen und Statistiken aus dem Land der unbegrenzten Möglichkeiten.«

Da wird zum Beispiel bekannt gegeben, dass die Entwicklung der Lohnstückkosten im letzten Berichtsmonat plus 0,2 Prozent betragen habe; erwartet hatte man aber 0,3 Prozent. Und was passierte nun nach Veröffentlichung der Zahlen?

Dadurch, dass diese Zahlen nur mit einer Kommastelle angegeben werden, ist es möglich, dass der Unterschied zwischen erwarteter und tatsächlicher Zahl nur ein bis zwei Hundertstel beträgt, wenn man Auf- beziehungsweise Abrundungen annimmt. Die Aussagekraft ist also gleich null, könnte man meinen. Dennoch genügte die kleine Differenz, um noch am selben Tag eine Kursrallye in New York auszulösen. Derartige Kurssteigerungen aufgrund geringfügiger Datenänderungen haben mit sorgfältiger Analyse und angemessener Kursbildung nichts mehr zu tun. Sie lassen sich nur noch massenpsychologisch erklären. Dazu gehört auch, dass Tagesstimmungen das Börsengeschehen sehr viel mehr als in den 1970er oder -80er Jahren prägen.

Die meisten Menschen neigen anscheinend dazu, letzte Eindrücke höher zu bewerten als solche, die einige Tage oder Wochen alt sind. F. M. De Bondt und R. Thaler wiesen 1985 im *Journal of Finance* nach, dass neue Meldungen an der Börse fast stets Überreaktionen hervorrufen. Nach einer Weile seien dann Kurskorrekturen in die Gegenrichtung an der Tagesordnung. Das ist nun das genaue Gegenteil der Werbeaussagen von Online-Diensten, die dem Anleger weismachen wollen, er müsse immer die Zahlen von heute zur Verfügung haben; die Nachrichten von gestern taugten allenfalls für den Papierkorb. In Wirklichkeit sind die aktuellsten Nachrichten und Daten bereits in übertriebener Form in den Kursen enthalten, während die möglicherweise viel bedeutenderen Fakten der vergangenen Tage zu Unrecht aus dem Blickfeld der Anleger geraten.

Im Grunde ist die Überreaktion auf Zahlen aus New York ein Zeichen von höchster Unsicherheit. Offenbar wusste keiner vorher, wie es weitergehen sollte. Nun sind neue Zahlen da. Als Nächstes folgt der Blick an die Börse: Was tun die anderen?

Man belauert sich also gegenseitig und schaut, wie die Hauptmasse der Börsenteilnehmer auf die US-Zahlen reagiert. Es gibt Anlageprofis, die sich folgendermaßen gegen heftige Kursbewegungen absichern: Sie geben so genannte Stopp-Orders an den Terminmärkten in Auftrag.

Beispiel: Der DAX steht knapp unter 7 000 Punkten. Es ist 14:15 Uhr. Gegen 14:30 Uhr werden Zahlen erwartet, von denen noch niemand weiß, wie sie ausfallen werden. Spekulant Schnell gibt bei seiner Bank oder seinem Broker eine Kauf-Stopp-Order ein: Steigt der DAX-Future, also der am Terminmarkt gehandelte DAX-Wert, über 7 000 Punkte, wird ein Kauf eines DAX-Futures ausgelöst.

Bei seiner anderen Bank gibt Spekulant Schnell eine genau gegensätzliche Order ein: Fällt der DAX-Future unter 6 980 Punkte, wird ein Verkauf eines DAX-Futures ausgelöst. Er gibt diese Orders schon vorher auf, denn er weiß, dass es nach 14:30 Uhr zu spät ist. Dann laufen die Kurse bereits in eine Richtung; bis er dann seine Order aufgegeben hat, haben es schon viele andere vor ihm getan. Aber nun, so hofft er, ist er auf jeden Fall rechtzeitig dabei, gleichgültig, ob die Zahlen gut oder schlecht ausfallen, der DAX nach oben oder unten heftig reagiert: Er gewinnt immer.

In dieser Weise verfahren offenbar tatsächlich viele Spekulanten, sonst wären die heftigen Kursbewegungen nach 14:30 Uhr nicht zu erklären. Die Stopp-Orders werden tatsächlich ausgelöst, schon ist ein Massenandrang da: Alle wollen unbedingt schnell dabei sein, nur deshalb, weil alle anderen auch schnell handeln.

Aber erfolgreich sind diese Spekulanten auf Dauer nicht. Sehr häufig kommt es nämlich schon Minuten nach der ersten hysterischen Bewegung zu einer Gegenreaktion in die andere Richtung, weil einige Analysten die Zahlen etwas genauer unter die Lupe nehmen. Oft werden Stopp-Orders in beide Richtungen ausgelöst, was für den Spekulanten Schnell in unserem Beispiel bedeuten würde, dass er nicht gewinnt, sondern verliert.

Wie bedeutend die US-Zahlen auch für die Börse an dem Tag ihrer Veröffentlichung sind, so wertlos sind sie für die nächsten Tage. Auf die Entwicklung der Lohnstückkosten folgt kurz darauf die Bekanntgabe der Produzentenpreise in den USA, die in eine andere Richtung weisen. Wie verunsichert müssen Anleger sein, um sich ohne Sinn und Verstand an der Börse hin und her treiben zu lassen?

Ralph Malisch, Redakteur des Magazins *Smart Investor*, hat dieses Anlegerverhalten in einem in Heft 10/2006 veröffentlichten Artikel einmal sehr treffend mit dem Verhalten von Schafen verglichen. Ich möchte Ihnen seine Bemerkungen nicht vorenthalten:

»Die offizielle Zoologie der Börse scheint lediglich zwei Tiere zu kennen: den kraftvoll und furchtlos voranstürmenden Bullen einerseits sowie den listig schlauen Bären andererseits, der geduldig wartet, bis seine Stunde gekommen ist.

Ganz anders verhält es sich mit einem Tier, das am unteren Ende der Nahrungskette steht, obwohl es gerade an der Börse massenhaft auftritt – das Schaf. In den Heldensagen der Börse erscheint es allenfalls als bedauernswerte Randfigur, scheint es ihm doch an allem zu fehlen, was in der westlichen Hemisphäre Eindruck macht: Nein, ein tatkräftiges, brillantes Individuum, ein Siegertyp ist das Schaf nicht. Die Geringschätzung der Schafe ist allerdings gerade vor dem Hintergrund des Börsenbetriebs kaum verständlich. Abgesehen davon, dass es häufig genug die Schafe sind, die an der Börse die Zeche zahlen und damit anderen erst das Auskommen sichern, wären Trends ohne Schafe gar nicht vorstellbar: Es sind Schafe, die sich von Nachrichten und Kommentaren derart ins Bockshorn jagen lassen, dass sie massenhaft zum Ein- oder Ausgang stürmen. Es sind Schafe, die an den Fernsehschirmen kleben, um sich von erkennbar um Seriosität und Kompetenz bemühten Zeitgenossen die Welt erklären zu lassen. Und es sind Schafe, die für ihr Dasein in der Herde praktisch jeden persönlichen Nachteil in Kauf nehmen. Der Herdentrieb, der die Börse so sehr charakterisiert, ist kein Phänomen von Bullen oder Bären, sondern eines der Schafe. Würden die Schafe ihre Gefolgschaft versagen, der Handel käme wohl rasch zum Erliegen.

Kaum ein Tier dürfte das Wesen des Börsengeschehens besser charakterisieren als das Schaf. Wenn wir ehrlich sind, haben wir uns selbst oft genug wie Schafe verhalten, doch an dieser Form der Selbsterkenntnis besteht – nicht nur bei uns Schafen – kaum Interesse.«

Falle 10
Vertrauen in die Investmentfonds

Wann begreifen die Anleger endlich, dass die beliebten Fonds nur ein sehr beliebtes Zubrot für die Banken sind? Bei fünfstelligen Anlagesummen nehmen sich die meisten Kundenbetreuer in der Bank schon ein paar Minuten Zeit für die Beratung. Immerhin lohnt sich das Geschäft für die Bank, wenn der Kunde am Ende Fondsanteile kauft und über den Ausgabeaufschlag indirekt für die Beratung bezahlt. Immerhin 3 bis 5 Prozent der Anlagesumme sind das bei gängigen Fonds – wer beispielsweise 15 000 Euro investiert, zahlt zunächst einmal gut und gerne 750 Euro seiner Anlagesumme an die Bank statt ins eigene Depot.

Aktienfonds nehmen ihre Kunden aus wie eine Weihnachtsgans – nicht nur mit jährlichen Spesen, Ausgabeaufschlägen und Provisionen, die immer höher werden, sondern auch dadurch, dass sie dem Fondsvermögen sämtliche Kosten einschließlich Werbung belasten. Das führt dann dazu, dass ein Aktienfonds nach zehn Jahren, selbst wenn er von der Anlagestrategie her so gut abgeschnitten hätte wie der DAX, rund 25 Prozent schlechter dasteht als die DAX-Entwicklung, weil so viel Geld in die Verwaltung, in Werbung und Prämien abgeflossen ist. Den Gipfel der Unverschämtheit leistete sich im Jahr 2001 ein Neuer-Markt-Fonds der Fondsgesellschaft DWS, der nach über 70 Prozent Verlust noch eine Erfolgsprämie abkassierte, nur weil der NEMAX, der Index des Neuen Marktes, noch etwas mehr verloren hatte!

Die Ausgabeaufschläge und jährlichen Zusatzspesen kann man sich ja wirklich sparen, wenn man seine Aktien selbst kauft und sein Depot gut streut. Aber viele Anleger wissen einfach nicht, dass sie ihr gutes Geld für praktisch null Gegenleistung ausgeben. Sehen wir uns einmal näher an, warum die Fonds in der Regel so schlechte Ergebnisse aufweisen.

Da Fondsmanager Profis sind, sollte man meinen, dass sie nicht einfach in der Herde mitrennen. Noch in den 1960er und -70er Jahren handelten die Fonds auch von Zeit zu Zeit antizyklisch und korrigierten das Herdenverhalten. Sie sammelten des Öfteren mit großer Geduld preiswerte Aktien ein, die nervöse Kleinanleger in Panik loswerden wollten. Und sie verkauften auch in die Hausse hinein, wenn sie Kurse für weitgehend ausgereizt hielten.

Diese Zeiten sind vorbei. Für Fondsmanager wird es immer schwieriger, überdurchschnittliche Erfolge zu erzielen. Sie sind ja auch abhängig von den Kapitalzuflüssen der Käufer des Fonds. Und die meisten Fondskäufer steigen gerne erst dann ein, wenn die Stimmung euphorisch ist, und wollen unbedingt verkaufen, wenn die Kurse schon stark gefallen sind. Auch der beste Fondsmanager kann bei Tiefstkursen ohne zusätzliches Anlagekapital keine Käufe starten, und er muss bei hohen Zuflüssen auch zu Höchstkursen weiter kaufen, auch wenn es eigentlich schon längst ratsam wäre, vorsichtig zu sein.

In den Fondsgesellschaften arbeiten viele junge Händler, die unter einem kurzfristigen Erfolgsdruck stehen. Jeder von ihnen muss dafür Sorge tragen, wenigstens im Trend der Mehrheit zu bleiben, dann kann man ihm niemals vorwerfen, danebengelegen zu haben. Deshalb handelt er prozyklisch, mit der Herde.

Die Aufwärtsbewegung von Oktober 1999 bis März 2000

wurde zum Beispiel nur von wenigen Aktien aus dem Elektronik-, Internet- und Telekombereich getragen. Das lag wiederum an dem Herdenverhalten der Fondsmanager, die sich immer fast geschlossen auf bestimmte Branchen stürzen und ängstlich darauf bedacht sind, ja nicht von dem abzuweichen, was man gerade kauft.

John C. Bogle, ein Fondsmanager alten Schlages, der in den 1970er und -80er Jahren die zweitgrößte US-Fondsgesellschaft leitete, kritisiert den heutigen kurzfristigen Aktionismus der Fonds. Früher sei es üblich gewesen, pro Jahr durchschnittlich rund 20 Prozent des Fondsvermögens zu handeln, heute seien es rund 80 Prozent.

Und doch nützt dieses hektische Umschichten nichts. Fonds schneiden gerade im Rahmen eines aktiven Managements in der Regel immer wieder schlechter ab als vergleichbare Aktienindizes. Der Grund dafür ist, dass die Fondsmanager den Geschäftsberichten der Unternehmen und den veröffentlichten Analysen meist hinterherlaufen, obwohl die Börse auf die neuesten Meldungen schon längst reagiert hat. Untätig bleiben wollen sie aber auch nicht. So schielen sie darauf, was wohl die anderen tun; die eigene Erfolgsstatistik darf ja zumindest nicht hinter dem Durchschnitt zurückbleiben. Den Index können sie mit dieser Vorgehensweise aber nicht schlagen.

Übrigens hat es wenig Sinn, die »siegreichen« Fonds eines Jahres zu kaufen. »Auf den Gewinner des Vorjahres zu setzen, ist eine der schlechtesten Anlagestrategien für die Zukunft.« Dieses Ergebnis einer US-Studie aus Boston wurde bereits am 9. März 1999 im *Handelsblatt* veröffentlicht. Dennoch klammern sich viele Bankberater und ihre gutgläubigen Kunden immer an die 20 Prozent der Fonds, die angeblich aufgrund ihres »hervorragenden Managements« die Indizes schlagen.

Nur sind es leider immer wieder andere Fonds, denen das in

einem Jahr einmal zufälligerweise gelingt. Welche Fonds das sein werden, lässt sich nicht vorhersehen. Die Wochenzeitung *Die Zeit* schreibt dazu am 30. November 2006 auf Seite 47:

»Mehr als elftausend Fonds sind in Deutschland zum Vertrieb zugelassen. ... Damit sich die Anleger in diesem Dschungel besser zurechtfinden, werden diverse Rankings und Ratings erstellt. Die Krux ist nur, dass diese Instrumente wenig nützen. Und teilweise führen sie sogar in die Irre. ... Wenn ein Fonds die Bestnote erhält, entwickelt er sich gern schon kurz darauf besonders schlecht. Fachleute sprechen da vom *kiss of death*. Dieser Todeskuss wird darauf zurückgeführt, dass den Fonds nach einer Bestnote große Summen Geld zufließen, die das Management dann nicht schnell genug erfolgreich anlegen kann. Ein weiteres Manko des Fonds-Rating ist es schließlich, dass die Qualität nur im Verhältnis zu den direkten Mitbewerbern gemessen wird. Dies hat in der Vergangenheit dazu geführt, dass Fonds mit vielen Sternen dekoriert wurden, obwohl sie kräftige Verluste verbucht haben – bloß weil sie die Besten unter Schlechten waren. ... Die bittere Wahrheit lautet: Es ist schlicht unmöglich, im Vorhinein zu wissen, welche Fonds sich besonders gut entwickeln werden.«

Mit anderen Worten: Die zeitweiligen Sieger unter den Fonds ziehen zwar im darauffolgenden Jahr viel Kapital auf sich, aber es ist außerordentlich schwierig, erstklassige Erfolge zu wiederholen. Denn man müsste ja auch bei einer Länder- und Branchenrotation immer wieder die richtigen Werte auswählen. Das aber ist eben oft nur Glückssache. Das wissen auch die Fondsmanager, die deshalb versuchen, wenigstens nicht negativ aufzufallen. Professor Ekkehard Wenger formulierte das Verhalten der Fonds sehr treffend im *Rheinischen Merkur* (18. November 1999):

»Also verhalten sich die Finanzverwalter wie eine Herde, drängen sich zu derselben Zeit in dasselbe Marktsegment hinein und treiben Kurse in nicht mehr rational nachvollziehbare Höhen. Dreht sich die Stimmung, findet ein panischer Ausverkauf statt. Alle tun das Gleiche – so oder so.

Denn wer stets bei der Meute war, kann immer darauf verweisen, dass er nicht schlechter war als die Konkurrenz. Wer indes einen allgemeinen Aufschwung verpasst oder als Einziger danebengreift, muss befürchten, dass er abserviert wird.«

Deshalb mussten die Fondsmanager auch bei viel zu hohen Kursen im Winter 1999/2000 ihre Käufe von Telefon-, Nasdaq- und Neuer-Markt-Aktien fortsetzen – und zwar nicht deshalb, weil sie davon überzeugt waren, dass diese Aktien so viel wert waren, sondern weil sie dazu gezwungen waren. Die durch wöchentliche Kursgewinne von 50 Prozent und mehr verwöhnten Kleinanleger wollten in diesen Bereich einsteigen und kauften daher bevorzugt entsprechende Fonds, weil sie hier das große Geld witterten. Die Fondsmanager konnten deshalb gar nichts anderes tun, als einfach weiter anzulegen, ob es sinnvoll war oder nicht. Die ganze Entwicklung verlief daher auf einem sehr gefährlichen und verhängnisvollen Weg. Denn es war nur noch eine Frage der Zeit, dass sich viele dieser Erwartungen in Luft auflösen würden.

Viele Kleinanleger wissen übrigens nicht, dass Fonds im Kauf und Verkauf wesentlich teurer sind als die entsprechenden Aktien im direkten Handel. Meist wird bei Fonds ein Ausgabeaufschlag von bis zu 6 Prozent der Kaufsumme verlangt. Vielfach werben zwar Banken damit, ihr Fonds sei ohne Ausgabeaufschlag erhältlich; stattdessen fallen aber höhere jährliche Verwaltungsvergütungen an, die bis zu 4 Prozent der Anlagesumme betragen können. Teilweise sind die Vergütungen auch erfolgsabhängig. Das Unfaire an diesen Spesen ist, dass der Anleger über ihre Existenz selten informiert ist, weil sie in der Regel in den Kurs der Fonds hineingerechnet und somit nicht gesondert ausgewiesen werden. Man entdeckt sie nur, wenn man die schriftlichen Unterlagen über den Fonds gründlich liest.

Am ungünstigsten sind, gemessen an den Nebenkosten, die so genannten Dachfonds. Das sind Gesellschaften, die Fonds aus Fondsanteilen bilden. Die Spesen umfassen wegen des doppelten Fondsmanagements meist doppelte Verwaltungskosten. Kein Wunder, dass derartige Fonds nur mäßig erfolgreich sind.

Um das Ansehen der Fonds zu heben, wird neuerdings auch für Fonds geworben, deren Hauptaufgabe es sei, Verluste zu vermeiden. Sie werden unter dem wohlklingenden Namen »Absolute-Return-Fonds« angeboten. Doch in den Jahren 2005 und 2006, zwei sehr guten Börsenjahren, hatten die Inhaber solcher Fondsanteile das Nachsehen. Vier von elf dieser Fonds, so berichtete das *Handelsblatt* am 30. Oktober 2006, seien sogar ins Minus gerutscht, was eigentlich nicht hätte vorkommen dürfen.

Inzwischen gibt es auch Devisenfonds. Sie geben den Fondsmanagern die Möglichkeit, in Derivate zu investieren, die auf die Wertentwicklung bestimmter Währungen reagieren, dabei aber mitunter einen großen Hebel haben. Sie können beispielsweise so gestaltet sein, dass ihr Wert um 50 Prozent steigt, wenn der Kurs der Währung, auf die sie bezogen sind, um 5 Prozent zulegt – und dass sie schnell wertlos werden, wenn die Währung an Wert verliert.

Auch hier verlangen sowohl DWS als auch Activest einen Ausgabeaufschlag von 3 Prozent und eine jährliche Verwaltungsgebühr von mehr als 1 Prozent. Die Höhe des Gewinns ist in erster Linie davon abhängig, ob die Fondsmanager geschickt spekulieren. Dass das Konzept nicht immer aufgeht, zeigt die Geschichte des ADIG-Währungsfonds der Commerzbank-Fondstochter Cominvest: Wegen mangelnden Anlegerinteresses und enttäuschender Rendite zog die Fondsgesellschaft den Währungsfonds Ende Mai 2006, das heißt schon zwei Jahre nach seiner Eröffnung, wieder vom Markt zurück. Fazit: Auch hier Finger weg!

Auch die allgemein beliebten Geldmarktfonds sind mit Vorsicht zu genießen, weil auch hier die Fondsgesellschaften Gehälter und Prämien einfach dem Fondsvermögen entnehmen. Deshalb blieben in den Jahren 2005 und 2006 die Erträge der Geldmarktfonds in den meisten Fällen hinter den Renditen von Festgeldern und Tagesgeldern zurück.

Dass Fonds trotz ihrer Nachteile dennoch begehrt sind, liegt nicht nur an dem Hang zur Bequemlichkeit – als Anleger muss man sich schließlich um nichts kümmern –, sondern auch an einigen positiven Pressemeldungen. Im Jahr 2006 wurde in einer Studie nachgewiesen, dass die Fondsgesellschaften, die in der Presse Anzeigen schalten, von diesen dann auch wohlwollend behandelt werden (Quelle: *Handelsblatt* vom 20. März 2006). Aufgrund der positiven Berichterstattung fließen nachweislich hohe Geldmittel in die Fonds. Es scheint leider sehr einfach zu sein, das Verhalten von Kleinanlegern zu manipulieren.

Der US-amerikanische Wirtschaftswissenschaftler und Nobelpreisträger Paul A. Samuelson hat einmal gesagt: »Es gab nur einen Ort, um Geld im Investmentfondsgeschäft zu machen – genauso wie es nur einen Ort für einen maßvollen Mann in einer Kneipe gibt: hinter der Bar, nicht davor ... Also habe ich in eine Managementfirma investiert.«

Falle 11
Verlockende Zertifikate

Nachdem die Anleger das Absahnen der Fonds allmählich durchschauen, werben die Banken jetzt stärker mit Zertifikaten. Mit diesen verdienen sie sich ebenfalls eine goldene Nase. Innerhalb weniger Jahre haben sich Zertifikate neben Aktien, festverzinslichen Wertpapieren, Optionsscheinen und Fonds zu den am stärksten gefragten Wertpapieren entwickelt. Im Jahr 2007 wurden allein an der Euwax, einem Handelssegment der Stuttgarter Börse, etwa 80 000 Zertifikate gehandelt.

Mithilfe von so genannten Indexzertifikaten können zum Beispiel Aktienindizes oder ein ganzer Korb von Aktienindizes gekauft oder Wetten auf die Zukunft abgeschlossen werden. Mit einem Diskontzertifikat oder Discount-Zertifikat kann man einen Aktienindex oder eine Aktie mit einem Abschlag vom aktuellen Börsenwert kaufen, kann aber dafür auch nur bis zu einer gewissen Obergrenze an Kursgewinnen teilhaben. Bei Garantiezertifikaten erhält der Anleger zumindest seinen Einsatz zurück. Bei Bonuszertifikaten wird eine feste Ausschüttung angeboten, sofern eine Kursuntergrenze nicht erreicht oder unterschritten wird. Bei Sprintzertifikaten werden Kursbewegungen mit einem doppelten Hebel ausgestattet. Der Fantasie der Herausgeber sind bei der Gestaltung von Zertifikaten keine Grenzen gesetzt. Auch Währungen und Rohstoffe werden an der Euwax gehandelt.

Juristisch gesehen sind Zertifikate Schuldverschreibungen eines Finanzinstituts, das sich unter definierten Umständen zu Zahlungen verpflichtet. Die Bonität des ausgebenden Instituts ist also eine Grundvoraussetzung, um überhaupt mit Zertifikaten gewinnen zu können.

Was die Käufer von Zertifikaten aber meist kaum bedenken, ist der Umstand, dass die Herausgeber der Zertifikate keinesfalls aus Nächstenliebe handeln. Sie haben nichts zu verschenken, sondern sie wollen an den Käufern verdienen. Zum Beispiel werden bei Indexzertifikaten häufig die Dividenden einbehalten, weshalb auch nur selten Zertifikate auf Aktien ausgegeben werden, die keine Dividenden zahlen. Kosten können auch in den Geld- und Briefkursen der Zertifikate versteckt sein, also einer relativ hohen Spanne zwischen Kauf- und Rücknahmepreis. Bei manchen Zertifikaten werden auch, ähnlich wie bei Fonds, Managementgebühren, Marketinggebühren und Lizenzgebühren abgerechnet.

Im Jahr 2003 wurden einem verschreckten Publikum, das nicht ahnte, welch magere Ergebnisse es sich als Gegenleistung für die versprochene Sicherheit einhandeln würde, Garantiezertifikate in Massen angeboten. Die Erträge entsprechen in etwa denen eines Sparbuchs. Im Jahr 2000 hingegen, als solche Garantiezertifikate wirklich nützlich gewesen wären, wurden keine angeboten, sondern stattdessen hochriskante Branchenzertifikate auf den Neuen Markt.

Ähnlich negativ sind die All-Time-High-Zertifikate zu beurteilen. Die HypoVereinsbank zum Beispiel gab Mitte 2006 solche Zertifikate auf einen eigens berechneten HVB Euro Substanz Index heraus. Dieser Korb enthält die zehn Werte des Euro Stoxx 50 mit der geringsten Schwankungsbreite. Gleichzeitig müssen diese Titel jedoch eine hohe Dividendenrendite abwerfen, da die Höchststandssicherung anders nicht finanzierbar wäre. Dieses Zertifikat ist bis 2011 befristet und verspricht eine Rückzahlung von 90 Prozent des höchsten jeweils zum Monatsende festgestellten Indexstandes.

Zunächst klingt es sehr verlockend, mit nur 10 Prozent Abschlag auf den Höchstkurs bis 2011 dabei zu sein. Aber diese Garantie ist nicht ganz kostenlos. Nicht nur, dass Investoren lediglich mit dem Faktor 0,9 nach oben mit dabei sind, sie verzichten zudem auch auf eine *jährliche* durchschnittliche Dividendenrendite von knapp 3,5 Prozent. Das aber ist zu viel des Guten. Mein Rat: Finger weg!

Alle paar Tage kommen neue Zertifikate mit wohlklingenden Namen heraus. Sie heißen »Deep Momentum«, »Best Unlimited Turbos«, »Outperformance Protect Capped« und »Rollover-Double-Chance-Zertifikat«, um nur einige Beispiele zu nennen. Bei genauerem Hinsehen bieten sie nur wenig, manchmal noch nicht einmal einen Mehrwert gegenüber der bestehenden Angebotspalette. Hebelzertifikate werden je nach Anbieter als Turbos, Knock-outs, Waves oder Mini-Futures in Umlauf gebracht. Es handelt sich jedoch immer um dasselbe Produkt. Mit dem Thema »Hebel« befassen wir uns gleich anschließend.

Wer aber soll da noch durchblicken? Vor einem Wildwuchs bei Zertifikaten hat Anfang Februar 2007 auch die Schutzgemeinschaft der Kapitalanleger gewarnt. Die Anbieter könnten hier, von staatlicher Aufsicht relativ ungestört, auf Kosten ihrer Kunden um ein Vielfaches höhere Gewinnspannen durchsetzen. Die Produkte seien kaum mehr zu durchschauen und faire Preise selbst für Profis schwer zu ermitteln.

Mit neuen Verhaltensrichtlinien wollen führende deutsche Banken die Transparenz im Zertifikatemarkt erhöhen und beispielsweise Mindeststandards festlegen, die das Vertrauen der Anleger schützen sollen. Nach sechs Regeln sollen die

Preisgestaltung sowie der Handel übersichtlicher dargestellt werden, die Informationen sollen ausgewogen und in einer verständlichen Sprache gehalten sein. Die Chancen und Risiken sollen in unterschiedlichen Szenarien dargestellt werden, um keine unrealistischen Renditeerwartungen zu schüren.

Wer diese Kriterien erfüllt, könne seinen Prospekt mit dem Gütesiegel des Derivateforums versehen, heißt es. Eine kontinuierliche Kontrolle gibt es aber nicht. Auch auf eine Offenlegung von Vertriebsprovisionen konnte man sich nicht einigen. Insofern bleiben Zertifikate mit Blick auf die Kosten die am wenigsten regulierten Anlageprodukte.

Noch ein Wort zu den besonders beliebten Bonuszertifikaten: Ob man damit eine höhere Rendite als mit der ihr zugrunde liegenden Aktie erzielt, lässt sich erst im Nachhinein sagen. Wichtig ist, sich die Konditionen der Bonuszertifikate genau anzusehen, denn die Bedingungen sind sehr unterschiedlich und teilweise verwirrend. Als Anleger sollte man auch immer daran denken, dass solche Zertifikate nicht deshalb in die Welt gesetzt werden, damit ihre Käufer höhere Gewinne erzielen, sondern weil die Banken daran verdienen wollen. Beides zugleich geht nicht.

Mein Rat: Meiden Sie in der Regel auch Zertifikate! Ausnahmen sehe ich für geübte Anleger ausschließlich im Falle einer drohenden Baisse in Bär-Zertifikaten, die auf fallende Aktien, fallende Indizes, fallende Anleihenkurse oder fallende Rohstoffe setzen und damit in besonderen Fällen als Absicherung dienen können.

Falle 12
Die größere Hebelwirkung

Es scheint so logisch zu sein: Wer seine Kapitalanlage mit einem Hebel versieht, verdient ein Mehrfaches dessen, was er beim Einsatz seines Kapitals zum Kauf von Aktien erwarten kann – vorausgesetzt, er liegt richtig. Wenn alles gutgeht, steht am Ende ein hoher Gewinn als Belohnung für das Risiko. Allerdings ist auch der Verlust sehr hoch, wenn die Investition schiefgeht.

Welche Hebel gibt es? Da ist zunächst der Optionsschein. Die Banken haben ihn seit den 1970er Jahren für Privatanleger im Programm. Derzeit, im Jahr 2007, kann diese Zielgruppe zwischen rund 44 000 Scheinen auf Indizes, Aktien, Währungen und Rohstoffe wählen. Laut einer Marktstatistik der Deutschen Bank betrug allein im Juli 2006 der Umsatz mit Hebelprodukten 14 Milliarden Euro nach 10,1 Milliarden Euro im Vorjahresmonat. Davon entfielen 35,8 Prozent oder 5 Milliarden Euro auf Optionsscheine und 64,2 Prozent auf mit einem Hebel ausgestattete Zertifikate.

Privatanleger können Optionsscheine – anders als Optionen, die von Profis an Terminbörsen wie etwa der Eurex erworben und verkauft werden – in kleinen Stückzahlen für wenig Geld direkt mit ihrer Bank oder an den Börsen in Frankfurt und Stuttgart handeln. Die Papiere gibt es in zwei Varianten. Mit einem Kaufoptionsschein, einem so genannten Call, wettet der Besitzer auf steigende Kurse des zugrunde liegenden Wertpapiers (des so genannten Basiswerts) – das kann eine Aktie, ein Index oder eine Anleihe, es können aber auch Zinsen oder Rohstoffe sein. Mit einem Verkaufsoptionsschein, dem Put, spekuliert der Investor auf fallende Kurse.

Ein Optionsschein hat den Vorteil, dass sein Besitzer nicht mehr Geld verlieren kann, als er zum Erwerb des Scheins aufgebracht hat. Aber diese Garantie hat ihren Preis, denn beim Kauf sind hohe Aufgelder (auch »Prämien« genannt) zu zahlen. Das Aufgeld ist der Prozentsatz, um den das Produkt teurer ist als beim Direktkauf des Basiswerts. Je größer die erwartete Schwankungsbreite oder Volatilität des Basiswerts, desto höher ist das Aufgeld.

Um diesen Nachteil zu umgehen, werben viele Finanzinstitute inzwischen mit Hebelzertifikaten, die sie unterschiedlich nennen. All diesen Papieren ist gemeinsam, dass sie wertlos werden, wenn das zugrunde liegende Wertpapier einen bestimmten Wert unter- oder überschreitet. Auch beim Hebelzertifikat gilt: Mehr als es gekostet hat, kann nicht verlorengehen. Aber die meisten Optionsscheine und Zertifikate enden mit Totalverlust.

Und wie ist es bei einem Future? Er ist im Grund eine Wette, zum Beispiel auf einen Rohstoff oder einen Aktienindex. Gewettet wird auf einen festen Preis in der Zukunft. Manche Anleger wetten auf steigende Kurse, andere auf fallende. Das Gefährliche an einem Future ist, dass der Investor zunächst nichts zahlen, sondern nur eine Sicherheit hinterlegen muss. Zu einem späteren, vorab festgelegten Termin wird die Differenz zum vereinbarten Preis abgerechnet. (Daher auch der Name Future, das englische Wort für Zukunft.) Futures auf den DAX, um nur ein Beispiel zu nennen, können auf die Monate März, Juni, September oder Dezember lauten; die entsprechenden Kontrakte werden immer am dritten Freitag des jeweiligen Monats fällig. Der Verlust kann theoretisch grenzenlos hoch sein, je nachdem, wie sich der DAX entwickelt.

Wer Hebelwirkungen sucht, gleichgültig ob mit Zertifikaten, Optionsscheinen oder Futures, arbeitet im Grund mit sehr viel mehr Kapital als er besitzt. Was passiert, wenn sich der Markt nicht in die erwartete Richtung entwickelt? Ein Lehrstück zur Beantwortung dieser Frage bietet das Jahr 2006. Im März 2006 gab es gute Gründe, auf eine Aktienbaisse zu setzen. Die Zinsen und der Ölpreis stiegen, außerdem war der US-Dollar schwach.

Nehmen wir einmal an, ein Anleger hätte am 17. März 2006 einen DAX-Future verkauft und damit auf fallende Kurse gewettet (siehe dazu Diagramm 14). An diesem Tag stand der DAX bei 5 882. Die Folgen waren ein Zitterspiel. Zunächst stieg der DAX bis zum 5. Mai auf 6 113 Punkte. Anschließend kam es tatsächlich zu fallenden Kursen. Von Ende Mai bis Mitte Juni 2006 lag der Anleger mit seinem Baisse-Engagement goldrichtig.

Aber hätte er überhaupt so lange durchgehalten? Da ein DAX-Punkt 25 Euro entspricht, hätte er am 5. Mai bereits fast 5 800 Euro verloren, und er musste damit rechnen, dass sich die Verluste fortsetzen. Er hätte ständig unruhig geschlafen und wäre womöglich jeden Morgen schweißgebadet aufgewacht, um gleich nachzusehen, wie sich die Börsen entwickelt haben.

Nehmen wir weiterhin an, unser Anleger wäre psychisch und finanziell stark genug gewesen, um trotzdem durchzuhalten. Dann wären die Gewinne, die er gemacht hätte, ab Juli wieder dahingeschmolzen. Am 29. September deutete die Mehrheit der Börsenindikatoren wieder auf eine Hausse hin. Der DAX stand bei 6 004. Der Anleger hätte seine Baisse-Position also trotz Verlust auflösen und mit demselben Einsatz nun eine Hausse-Position aufbauen müssen.

Die größere Hebelwirkung ■83

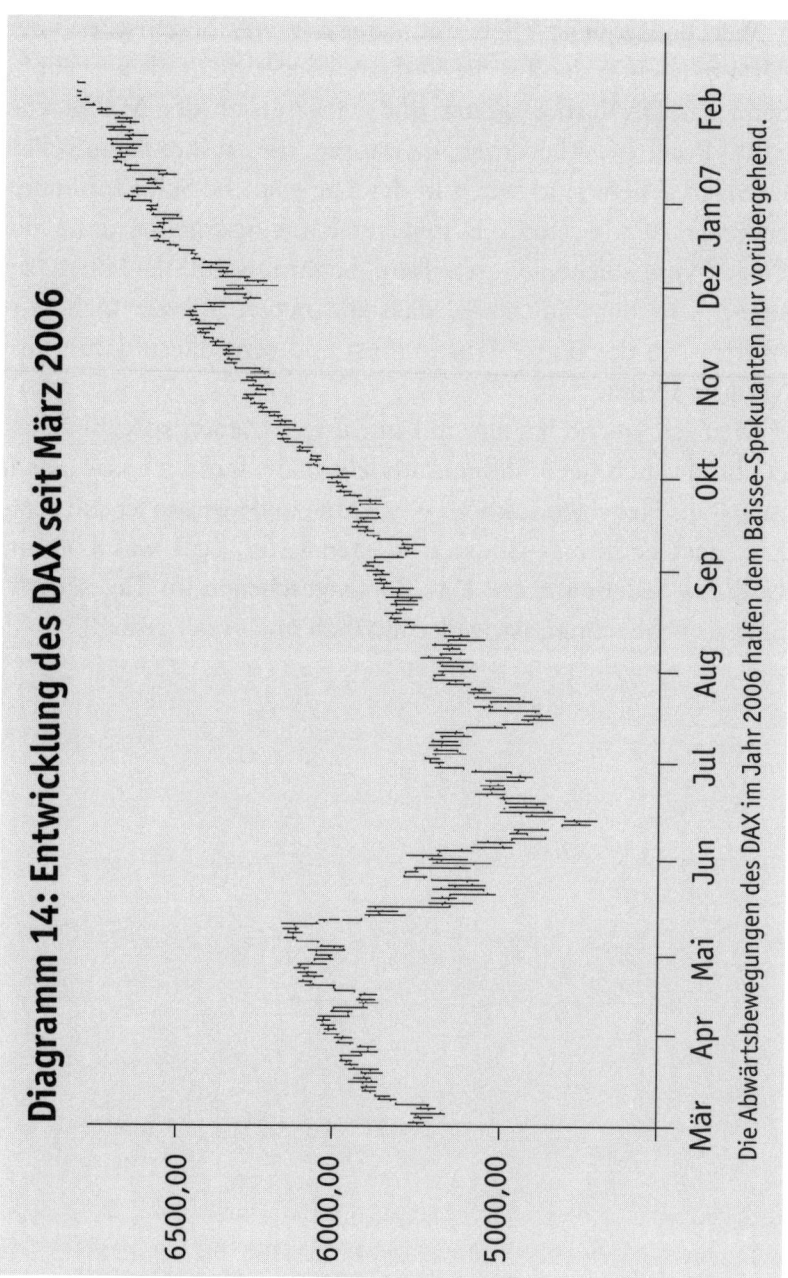

Diagramm 14: Entwicklung des DAX seit März 2006

Die Abwärtsbewegungen des DAX im Jahr 2006 halfen dem Baisse-Spekulanten nur vorübergehend.

Wer konsequent blieb und handelte wie beschrieben, der hätte danach in der Tat die Verluste wieder mehr als aufgeholt, denn der DAX stieg weiter und näherte sich der Marke von 7000 Punkten. Allerdings: Investoren, die an ihre finanziellen Grenzen gehen, sind selten in der Lage, solche Schwankungen zu verkraften. Bestenfalls steigen sie aus und lassen dann die Finger von solchen Geschäften. Schlimmstenfalls halten sie sogar – in der Hoffnung, dass die neuen Signale nicht zutreffen – an der Baisse-Position fest und vergrößern damit ihre Verluste weiter.

Weil ich solche harten und unruhigen Zeiten sowohl selbst erlebt als auch bei anderen miterlebt habe, kann ich nur jedem raten, auf Hebelprodukte zu verzichten und nur so viel einzusetzen, dass er immer gelassen bleiben kann, egal was kommt. Und das bedeutet auch: Das Börsengeschehen im Tagesrhythmus zu beobachten, ist weder nützlich noch notwendig!

■ Falle 13
Aktienanleihen

Was tut man als Anleger, wenn die Kurse an den Aktienmärkten schon in die Höhe geschossen sind, andere Anlagen aber eine zu geringe Rendite bringen? Das Zauberwort heißt dann oft »Aktienanleihen«.

Worum geht es hier? Die Banken versprechen 10 Prozent und mehr Zinsen für Anleihen, die nur ein bis zwei Jahre Laufzeit haben. Normale Bundesanleihen bringen bei Laufzeiten von ein bis zwei Jahren nur rund 3 bis 4 Prozent. Wo liegt der Haken?

Die ausgebenden Banken bezahlen in der Tat die hohen Zinsen. Aber bei der Rückzahlung der Anleihe behalten sie sich das Recht vor, nicht das geliehene Kapital, sondern stattdessen eine bestimmte Anzahl von Aktien zu liefern. Dies werden sie in dem Fall vorziehen, wenn der Kurs der Aktien bis zum Ende der Laufzeit der Anleihe unter einen bestimmten Schwellenwert gefallen ist, zu dem es dann für die Bank günstiger ist, in Form von billigeren Aktien zu bezahlen.

Im Grunde handelt es sich um eine Wette Bank gegen Anleger. Der Anleger kann sich nach Jahren üppiger Kursgewinne bei Aktien ohnehin nicht mehr vorstellen, dass Kurse auch stärker fallen können. Die Bank hingegen hat die Aktien, die sie besitzt, sehr viel billiger gegen Kursverluste versichern können, als ihr dies an den Terminmärkten möglich gewesen wäre.

Im Falle von Standardwerten ist zwar das Risiko für den

Anleger nicht so hoch einzuschätzen, besonders wenn eine sehr niedrige Bewertung vorliegt, wie es bei vielen Automobiltiteln, Bauwerten und Maschinenbauern der Fall ist. Selbst wenn einem dann solche Aktien aufgrund des gefallenen Kurses angedient werden, hat man Qualitätsaktien erworben, die mit ziemlicher Sicherheit auch wieder steigen und damit den Verlust ausbügeln werden.

Wie aber sieht es aus, wenn diese Anleger-Bank-Wette nicht mit einer soliden Standardaktie, sondern mit einem riskanten Nebenwert betrieben wird, der unter hohen Kursschwankungen gehandelt wird?

Die Bank Sal. Oppenheim, führend bei Aktienanleihen, hatte 1999 mit einem Angebot von 22 Prozent Zinsen ihre Bestände an Cybernet-Aktien mit einer Aktienanleihe abgesichert – ein verlockender Zinssatz! Dennoch war es für die Bank ein lukratives Geschäft. Da damals noch am Neuen Markt gehandelte Aktien nicht selten mehrere 100 Prozent Kursgewinn in nur wenigen Monaten erzielen konnten, war die Bank bei Gewinnen voll dabei; im Fall von Verlusten hatte sie sich mit 22 Prozent Zinszahlung noch günstig abgesichert. Am 8. März 1999 notierte Cybernet bei 28,80 Euro (Diagramm 15); gefährlich wurde es für den Anleihekäufer erst bei Kursen unter 20 Euro. Denn das Bankhaus verpflichtete sich, entweder 5 000 Euro oder 250 Cybernet-Aktien zu liefern.

Nun aber fiel der Kurs stetig. Die weitere Entwicklung wurde zu einer Zitterpartie, die verloren ging. 14,40 Euro lautete der Schlusskurs am Verfalltag. Die 250 Aktien, die der Anleihebesitzer ausbezahlt bekam, waren nur 3 600 Euro wert, und das bedeutete gegenüber den in Aussicht gestellten 5 000 Euro einen Verlust von 28 Prozent, wofür die 22 Prozent Zinsen nur ein ungenügendes Gegengewicht waren.

Wissen die Käufer solcher Aktienanleihen um dieses Risiko?

Aktienanleihen 87

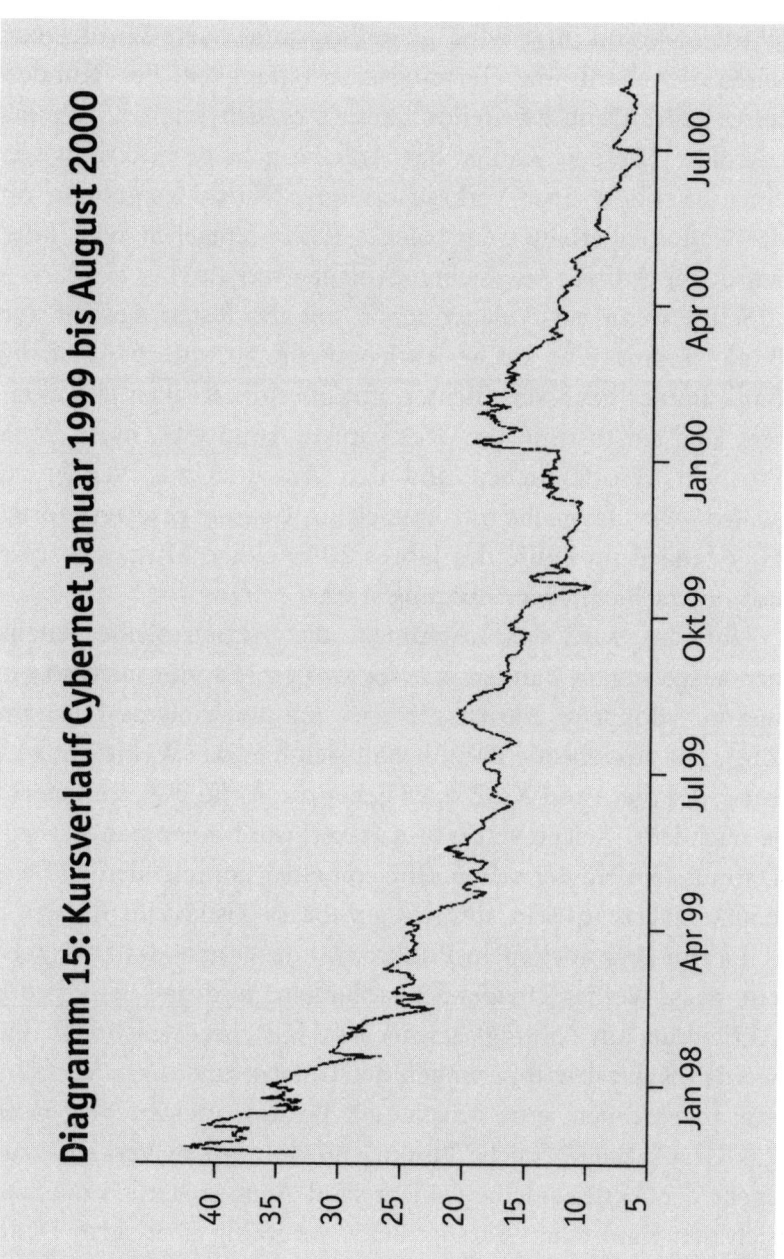

Diagramm 15: Kursverlauf Cybernet Januar 1999 bis August 2000

Wurden sie von ihrer Bank gründlich aufgeklärt? Wurde vonseiten der Bank die Termingeschäftsfähigkeit des Kunden festgestellt? Denn zweifellos handelt es sich um ein Termingeschäft: Für den Käufer der Anleihe geht es praktisch um einen »Verkauf einer Verkaufsoption«. Wurde festgestellt, ob der Käufer überhaupt ein solches Risiko eingehen will, oder wurde die Anleihe als »sichere Anlage« verkauft?

Selbst wenn ein Anleger schon mit der festen Absicht zur Bank kommt, eine solche Aktienanleihe zu erwerben, ist die Bank immer noch verpflichtet, ihn über die Risiken aufzuklären. Und ein Institut, das Wertpapiere herausgibt, muss einen Prospekt veröffentlichen und den Anlegern zur Verfügung stellen. Wer das nicht tut, handelt im Grunde gesetzeswidrig. Hier fanden im Laufe des Jahres 2000 einige Musterprozesse mit unterschiedlichem Ausgang statt.

Übrigens wird das Instrument der Aktienanleihe seitens der ausgebenden Banken ständig variiert. Es gibt auch so genannte »doppelte Aktienanleihen« mit noch etwas höherem Zins. Die ausgebende Bank behält sich hier das Wahlrecht vor, entweder die Aktie XYZ oder lieber die Aktie PQV zu liefern, je nachdem, welche stärkere Kursverluste hinnehmen musste. Da muss ein Käufer schon sehr von einer kommenden Aktienhausse überzeugt sein, um sich auf dieses Risiko einzulassen.

Es gibt aber noch mehr Punkte, auf die er grundsätzlich achten muss. Werden Dividendenzahlungen, aufgrund derer ja der Aktienkurs am Zahltag entsprechend fällt, berücksichtigt? Wie werden Kapitalveränderungen des Unternehmens am Verfallstag angerechnet, zum Beispiel ein Bezugsrechtsabschlag oder gar Gratisaktien? Solche Punkte müssen in dem Verkaufsprospekt der Aktienanleihe geklärt sein! Auch steuerlich muss er sich den Kauf einer Aktienanleihe sorgfältig überlegen. Denn man kann von dem erwarteten hohen Zins tatsächlich ja nur einen Teil als Nettoeinnahme verbuchen. Den Rest kassiert der Staat.

Fazit: Der Privatanleger sollte eine klare Trennung ziehen zwischen einem Engagement in Aktien und einem Engagement in Anleihen. Wenn man etwas riskieren will, kauft man Aktien. Wenn man gut schlafen will, Anleihen. Wegen einiger Prozentpunkte mehr nochmals hohe Risiken einzugehen und dabei seine Nerven kaputt zu machen, ist nicht sehr vernünftig.

▪ Falle 14
Hedgefonds

Welcher Anleger träumt nicht von einem Investment, das in guten Börsenzeiten mehr Rendite bringt als der Aktienmarkt, in Baissephasen zumindest den Rentenmarkt schlägt, und das alles bei einem möglichst konstanten Kursverlauf? Richtig – das hört sich utopisch an. Trotzdem waren solche Versprechungen keine Seltenheit, als vor fünf Jahren die Hedgefonds-Welle auf Deutschland überschwappte.

Dementsprechend hoch waren die Erwartungen an die als »Wunderwaffen gegen Marktturbulenzen« gepriesenen Anlagen. Umso enttäuschender fällt die Zwischenbilanz aus: Kaum ein Hedgefonds konnte die enormen Renditehoffnungen erfüllen.

Die Werbung verspricht zwar, dass der Anleger, der sich an einem Hedgefonds beteiligt, sowohl an steigenden als auch an fallenden Kursen verdienen könne. Kann man jedoch dieser Anlageform wirklich trauen? Ich meine nein.

Ein Hedgefonds besteht aus Kapitaleinlagen meist mehrerer Kapitalgesellschaften und vermögender Privatkunden. Er spekuliert mit Rieseneinsätzen an den internationalen Aktien-, Anleihe- und Devisenbörsen auf Termin und versucht, Kursunterschiede zwischen Anleihen verschiedener Währungen zu nutzen. Hedgefonds handeln mit Futures (das sind Termingeschäfte mit Aktien, Indizes, Devisen und Waren) und Optionen (das sind

Rechte zum Kauf und Verkauf von Aktien, Indizes, Devisen und Waren) und nutzen sehr häufig Kredite. Sie setzen einerseits auf unterbewertete Unternehmen und spekulieren andererseits auf Kursrückgänge dort, wo sie Überbewertungen vermuten. Auch internationale Währungs- und Zinsschwankungen versuchen sie zu nutzen, wobei sie sowohl auf steigende als auch auf fallende Kurse setzen.

Die Branche besteht mittlerweile aus schätzungsweise 8500 Fonds, die zusammen 1,3 Milliarden US-Dollar verwalten. Das Geld stammt in vielen Fällen von wenigen Großanlegern, und deshalb unterliegen solche Fonds keinen Publizitätspflichten und genießen bei ihren Anlageentscheidungen jede nur erdenkliche Freiheit. In Deutschland sind Hedgefonds als Dachfonds (Fonds von Fonds) inzwischen erlaubt. Dass bei Dachfonds doppelte Gebühren anfallen, habe ich ja bereits in den Ausführungen zu Falle 10 (Vertrauen in die Investmentfonds) erwähnt. Freilich können deutsche Anleger sich auch direkt bei US-Fondsgesellschaften engagieren, sofern sie die hohen Mindestkapitalanforderungen erfüllen, zum Beispiel außerordentlich hohe Summen von 250 000 US-Dollar und mehr einlegen, und auf die tägliche Möglichkeit von Verkäufen verzichten.

Hedgefonds unterliegen nicht den Reglements der US-Aufsichtsbehörde (Securities Exchange Commission, abgekürzt SEC). Die betreffenden Manager sind vielmehr in der Gestaltung ihrer Investmentpolitik frei. Anleger sind also auf Gedeih und Verderb dem Erfolg der Manager ausgeliefert, die in der Regel Fixprämien von 1 bis 3 Prozent und als erfolgsabhängige Prämie bis zu 20 Prozent verlangen.

Berühmt wurden die Hedgefonds durch den Beinahe-Konkurs des »Long-Term Capital Management« (LTCM) im Oktober 1998. Dieser hatte versucht, Zinsdifferenzen von festverzinslichen Wertpapieren zu nutzen. Doch als sich im Zuge der

Russland-Krise 1998 die Zinsunterschiede zwischen Staatsanleihen und Unternehmensanleihen stark erweiterten, geriet der Fonds trotz der Beratung durch Nobelpreisträger tief in die Verlustzone. Nur ein schnelles Eingreifen der US-Zentralbank im Verbund mit mehreren großen Investmentbanken verhinderte einen Konkurs mit einer Kettenreaktion auf andere Geldinstitute.

Die Erfolgsstatistik fast aller Hedgefonds-Gesellschaften sieht äußerst schlecht aus, auch im Jahr 2006. Zwar wiesen sie verschiedentlich zweistellige Renditen auf. Doch im Durchschnitt lagen die Profis ähnlich weit daneben wie Privatanleger, das heißt, sie schnitten in der Regel schlechter ab als die Aktienindizes. Unter plötzlichen Trendwenden leiden Hedgefonds meist besonders stark. Ihre Möglichkeiten, die Kurse zu beeinflussen, werden weit überschätzt. Sie können die Börse beileibe nicht nach Belieben beeinflussen, wie Börsenneulinge oft vermuten. Außerdem bleibt das generelle Problem, dass kein Investor weiß, was das Fondsmanagement gerade unternimmt, denn es ist eine Eigenheit von Hedgefonds, dass sie bestrebt sind, durch schnelle Strategiewechsel möglichst rasch auf alle erdenklichen Marktsituationen zu reagieren.

Im Jahr 2006 verlor der amerikanische Hedgefonds Amaranth durch spekulative Geschäfte am Terminmarkt für Erdgas innerhalb von nur einer Woche 5 Milliarden US-Dollar. Dieser Skandal löste erneut Forderungen nach einer schärferen Kontrolle der bisher kaum regulierten Hedgefonds aus. Selbst Stanley Fink, Chef des größten Hedgefonds Man Group PLC, befürwortete eine strengere Regulierung. Hedgefonds sollten, so meinte er, genauso kontrolliert werden wie herkömmliche Investmentfonds.

Finanzaufsichtsbehörden fürchten, dass Probleme bei Hedgefonds das gesamte Finanzsystem in Mitleidenschaft ziehen könnten, wenn es vielen Spekulanten zur gleichen Zeit zu heiß wird, mit der Folge, dass sie massiv ihre Gelder abziehen. Für Banken besteht die Gefahr darin, dass sie Hedgefonds mit Krediten versorgen und im großen Stil Hebelprodukte ausgeben, etwa Optionen und Futures, mit denen Hedgefonds auf künftige Kursentwicklungen spekulieren. Wenn die Spekulanten ihre Wette verlieren und sie anschließend nicht einlösen können, drohen den Banken Zahlungsausfälle.

Zwar sichern die Banken sich gegen solche Risiken teils ab. Doch weil niemand überblickt, welche Hedgefonds in welchen Märkten welche Risiken eingehen, sind Wechselwirkungen und das von diesen abhängende Gesamtrisiko schwer einzuschätzen. »Es lässt sich mangels Information eben nicht abschätzen, wie hoch Korrelations- und Systemrisiken inzwischen sind«, so Commerzbank-Chef Klaus-Peter Müller. Er fordert daher eine direkte Regulierung und Kontrolle der Hedgefonds durch die amerikanischen und europäischen Aufsichtsbehörden.

Falle 15
Private Equity

Im Grunde ist es eine gute Idee, Geld einzusammeln, um in Unternehmen einzusteigen, die noch nicht börsennotiert sind, aber so zukunftsträchtig und wachstumsstark erscheinen, dass sie sicherlich eines Tages an der Börse notiert sein werden. Private-Equity-Gesellschaften können an einem sehr zeitigen Einstieg in solche Firmen verdienen, wenn es ihnen gelingt, sie später, wenn die Gelegenheit günstig ist, zu einem höheren Preis an der Börse wieder zu verkaufen.

Auch für die betreffenden Firmen mag es sehr positiv sein, rechtzeitig wagemutige Geldgeber zu finden, anstatt von zaudernden Kreditgebern im Bankenbereich abhängig zu sein.

So gut die Idee ist, so dubios gestaltet sich oftmals die Praxis. Mit Recht kritisierte der heutige Vizekanzler Franz Müntefering einst, manche Private-Equity-Gesellschaften beschränkten sich nicht auf junge, vielversprechende Unternehmen, sondern begännen auch, so wie Hedgefonds, an der Börse Aktien zu kaufen, und fielen wie Heuschrecken über die Unternehmen her, um sie auszuplündern, ohne Rücksicht auf deren Zukunft und deren Arbeitsplätze.

In der Tat ließen sich in mehreren Fällen die Private-Equity-Gesellschaften, kaum dass sie die Mehrheit in einem Unternehmen erworben hatten, hohe Sonderdividenden auszahlen, die sie sodann verwendeten, um den größten Teil ihrer Übernahmeinvestitionen zu finanzieren. Im nächsten Schritt versuchten sie, ihre Anteile baldmöglichst wieder abzustoßen, indem sie sie an der Börse oder privaten Investoren zum Kauf anboten. Wenn ihnen dies gelang, so ließen sie eine oftmals hoch verschuldete Firma zurück.

Doch davon soll jetzt weniger die Rede sein als von den Risiken, die Privatanleger auf sich nehmen, wenn sie sich selbst an einer Private-Equity-Gesellschaft beteiligen, die ihnen hohe Renditen verspricht. De facto gibt es kaum ein Anlageprodukt, das komplizierter und undurchsichtiger ist als Private Equity.

Die Kapitalsammlung erfolgt meist über Dachfonds. Dass die Zusatzkosten bei Dachfonds für den Anleger besonders hoch sind, wurde bereits erwähnt. Hier werden die Mittel in verschiedene Einzelfonds gesteckt. Hinzu kommt, dass sich unter dem Begriff Private Equity verschiedene Teilmärkte verbergen. So gibt es beispielsweise Venture-Capital-Fonds, die in Gründer- oder junge Technologiefirmen investieren, und Buyout-Fonds, die etablierte Unternehmen übernehmen. Der Anleger ist so oder so am Ende indirekt an vielleicht 70 oder 100 Unternehmen beteiligt. Dabei kann es sich um Konzernteile oder Mittelständler handeln, die die Finanzinvestoren über Jahre halten, um sie am Ende weiterzuverkaufen oder an die Börse zu bringen. Zwar werden auf diese Weise die Risiken gestreut, aber dies bedeutet zugleich für jeden Investor eine Überforderung, der hier noch den Überblick behalten will. Wer sich an einer Private-Equity-Gesellschaft beteiligen will, dem bleibt letztlich nichts anderes übrig, als dem Management des Dachfonds voll und ganz zu vertrauen.

Privatanleger sollten die mit Private Equity verbundenen Risiken nur eingehen, wenn sie über umfangreiche betriebswirtschaftliche Kenntnisse verfügen. Meist werden Mindesteinlagen von 10 000 bis 15 000 Euro verlangt. Diejenigen, die solche

Anteile verkaufen, sind besonders geschult und verdienen in den meisten Fällen durch hohe Provisionen mit – Provisionen, die übrigens vom Käufer finanziert werden. Die Einmalgebühr liegt im Durchschnitt bei 5 Prozent, die Verwaltungsgebühr für die Dachfonds beträgt üblicherweise 1,5 Prozent auf das zugesagte Kapital, hinzu kommt eine Erfolgsvergütung für das Management von 10 bis 15 Prozent. Schließlich gilt es, sich eingehend über die Ausstiegsbedingungen zu informieren. In manchen Fällen ist es nicht ohne Weiteres möglich, sich von einer einmal erworbenen Beteiligung zumindest verlustfrei zu trennen.

Falle 16
Die Lust am unnützen Wissen

Börsenneulinge vermuten meist, eine Anlage in Wertpapieren erfordere so viel Zeit und Energie, dass die eigene Beschäftigung mit dieser Materie nahezu unmöglich sei, weshalb man sich nolens volens den Profis anvertrauen müsse. Daher rührt auch die große Beliebtheit der Fonds.

Aber diese Einstellung ist grundfalsch. Auch als Börsenneuling muss man nur das Wesentliche wissen, und dies lässt sich in zwei Punkten zusammenfassen. Erstens sollte man wissen, ob die Börse vor einer Hausse oder einer Baisse steht. Dafür gibt es bewährte Signale, von denen am Ende dieses Buches noch die Rede sein wird. Zweitens sollte man wissen, welche Aktien für das eigene Depot brauchbar sind. Um die zweite Frage zu beantworten, bedarf es einer etwas gründlicheren Analyse, die man aber nicht öfter als einmal im Jahr vorzunehmen braucht. Zum Kauf geeignete Aktien sollten, gemessen an der relativen Stärke, im vorderen Drittel ihres Stammlandes liegen, das Kurs-Umsatz-Verhältnis (KUV) sollte nicht mehr als 1,2 Punkte betragen. Wo kein KUV zu ermitteln ist, wie bei Finanz- und Beteiligungsgesellschaften, sollte das Kurs-Buchwert-Verhältnis unter 2,5 liegen. Diese einfache Methode stellt sicher, dass nur Aktien ins Depot genommen werden, die tatsächlich einen Kauf wert sind.

Aber viele Anleger machen es sich zu schwer. Sie schauen

sich täglich Börsensendungen an, blättern zahllose Börsenzeitungen durch und sind dann unfähig, eine Entscheidung zu treffen, weil sie im Lauf ihrer Informationssuche auf zu viele unterschiedliche Meinungen gestoßen sind. Haben sie sich dann doch endlich zum Handeln entschlossen, machen sie ihre Entscheidung vielleicht aus einer spontanen Laune heraus schon am nächsten Tag wieder rückgängig.

Das ist übrigens eine Folge der »neuen Lust am unnützen Wissen«, wie es das *Handelsblatt* einmal so schön formuliert hat. Und diese Lust am unnützen Wissen packt offenbar nicht nur Börsenneulinge, sondern auch Fortgeschrittene und Profis. Fleißig unterziehen sie zahlreiche Aktien und Aktienindizes einer technischen Analyse, errechnen einen Stochastik-Oszillator (Verhältnis des neuesten Kurses zum Fünftageshoch und -tief), einen Relative-Stärke-Index (RSI, aufaddierte Kursgewinne und -verluste) oder einen MACD-Trendfolge-Indikator (MACD steht für Moving Average Convergence/Divergence). In Chartprogrammen oder auch in Internet-Informationsseiten werden über 30 solcher technischen Indikatoren angeboten, mit denen Interessierte einen Aktienindex und überhaupt alles analysieren können, wovon sich ein Kursverlauf darstellen lässt. Die armen Leute! Sie wissen leider nicht, dass die überprüfbaren Ergebnisse all dieser Indikatoren zeigen, dass diese schlicht und einfach wertlos sind!

Das mag unglaublich klingen. Doch nehmen wir einmal einen der beliebtesten Indikatoren, den MACD. Dieser beruht auf dem Abstand zwischen drei gleitenden Durchschnitten, dem 12-Tage- und dem 25-Tage-Durchschnitt, sowie dem so genannten Trigger, der wiederum ein gleitender Durchschnitt aus dem Abstand der beiden zuvor genannten Durchschnittswerte ist. In vielen Büchern über technische Analyse wird der MACD überschwänglich gelobt. Er zeige eine bevorstehende

Trendwende stets sehr schnell an und gebe höchst brauchbare Signale, heißt es. In einem Buch von Werner Pelz *(Der Schlüssel zu den Börsen)* wird dem MACD hohe Nützlichkeit bei ausgeprägtem Trend mit kräftigen Ausschlägen bescheinigt.

Leider haben diejenigen, die den MACD so loben, niemals eine Statistik darüber geführt, wie seine Signale ausgefallen sind. Von 1997 bis 2007 gab es sehr heftige Ausschläge. Wäre ein Investor Ende 1997 mit 10 000 Euro in den DAX eingestiegen, beispielsweise in Form eines Zertifikates oder eines Future, und hätte er aufgrund der Signale des MACD immer bei Verkaufssignalen Kasse gemacht, während er bei Kaufsignalen wieder eingestiegen wäre, so wäre dieser Investor heute nicht sehr glücklich. Er hätte in zehn Jahren aufgrund von 190 Signalwechseln eine ebenso große Zahl von Geschäften abgeschlossen, pro Monat also im Durchschnitt knapp zwei. Aus dem ursprünglichen Betrag von 10 000 Euro wären in zehn Jahren 10 935 Euro geworden, was einer jährlichen Durchschnittsrendite von 0,94 Prozent entspricht. Berücksichtigt man die Spesen, die bei den vielen Transaktionen angefallen wären, so wäre buchstäblich kein Gewinn mehr übrig geblieben. Wer dagegen Ende 1997 den DAX gekauft und das entsprechende Indexpapier zehn Jahre lang gehalten hätte, dessen Investition von 10 000 Euro hätte im Durchschnitt Jahr für Jahr um 5,3 Prozent gewonnen, wäre also im Februar 2007 16 767 Euro wert gewesen.

Solche Vergleiche werden von technischen Analysten in der Regel schamhaft verschwiegen.

Falle 17
Information rund um die Uhr

Manche Anleger scheinen eine panische Angst vor verpassten Gelegenheiten zu haben. Nichts nimmt ein Börsenteilnehmer seinem Berater mehr übel als einen versäumten Einstieg oder einen zu frühen Ausstieg. Das ist für viele unverzeihlicher als die schlimmsten Verluste durch eine Fehlinvestition.

Woher aber diese Angst vor verpassten Gelegenheiten kommt, ist nicht ganz klar, denn es wird immer so sein, dass man im Nachhinein betrachtet nicht jede Bewegung mitmachen konnte. Börsenprofis wissen, dass die nächste größere Chance mit den richtigen Signalen kommen wird. Aber sie wissen auch, dass sie nur dann zugreifen sollten, wenn sie erwarten können, dass sie die entsprechenden Aktien auch wenigstens ein Jahr lang halten können.

Vermutlich sind es die stark von Tagesereignissen geprägten Medienkommentare und -interviews, die zu Handlungen veranlassen, die der Anleger, wäre er auf sich allein gestellt, vermutlich so nie begehen würde. Statt nüchtern zu analysieren, rennt er den Marktschreiern hinterher.

Wenn es die Medien geschickt anfangen, suggerieren sie dem Aktionär, er profitiere stets dann am meisten, wenn er die neuesten Fakten kenne. Der Nachrichtensender n-tv gewann durch die neuen Aktionäre einen großen Zuschauerkreis und profilierte sich in den 1990er Jahren vor allem als Börsenfernsehen. Auch während der meisten anderen Sendungen werden die neuesten Kurse in einem Laufband unten am Bildrand eingespielt. Dem Zuschauer wird damit signalisiert, er könne etwas versäumen, wenn er nicht ständig über die neuesten Kurse auf dem Laufenden gehalten werde. Auch in der Werbung wurde dem Zuschauer immer wieder eingebläut: »Sie brauchen Informationen rund um die Uhr!«

Selbst seriöse Nachrichtenmagazine bewahren oft nicht die nötige Distanz. Im *Spiegel* war in der Ausgabe Nr. 38 vom 20. September 1999 über die Anleihe einer südkoreanischen Pleite-Firma folgende Überschrift zu lesen: »Daewoo Corporation, die 34-Prozent-Chance«. Und weiter unten hieß es: »Am Freitag notierte die Anleihe in Frankfurt bei 74,5 Prozent des Ausgabewertes. Wer zu diesem Kurs kauft, kann bis zum 18. Oktober 34 Prozent verdienen – vorausgesetzt, die Firma zahlt die Anleihe in voller Höhe zurück.« Anschließend wurden noch zwei Stimmen zitiert, die hier ein enormes Risiko sahen.

Aber warum erschien diese Meldung in dieser Aufmachung? Schon zwei Wochen später wurde klar, dass Daewoo zahlungsunfähig war und allenfalls noch einen Teilbetrag zurückzahlen konnte. Der Kurs der Anleihe verfiel dramatisch (Diagramm 16). Dies ist wohl kein guter Dienst an Lesern, wenn aus einer vagen 34-Prozent-Chance ein Riesenverlust wird! Während Kursverluste am Aktienmarkt bei Standardwerten meist durchgestanden werden können, ist Anlagekapital bei Konkursunternehmen, sei es in Aktien oder Anleihen gebunden, für immer verloren!

Ich möchte hier nicht als Medienkritiker missverstanden werden. Natürlich sind die Medien und ihre Informationen unentbehrlich. Aber es ist ein Missverständnis zu glauben, dass die jeweils neueste Nachricht die entscheidende Börseninformation enthalte, während man alle bekannten Nachrich-

102 Die gefährlichsten Börsenfallen

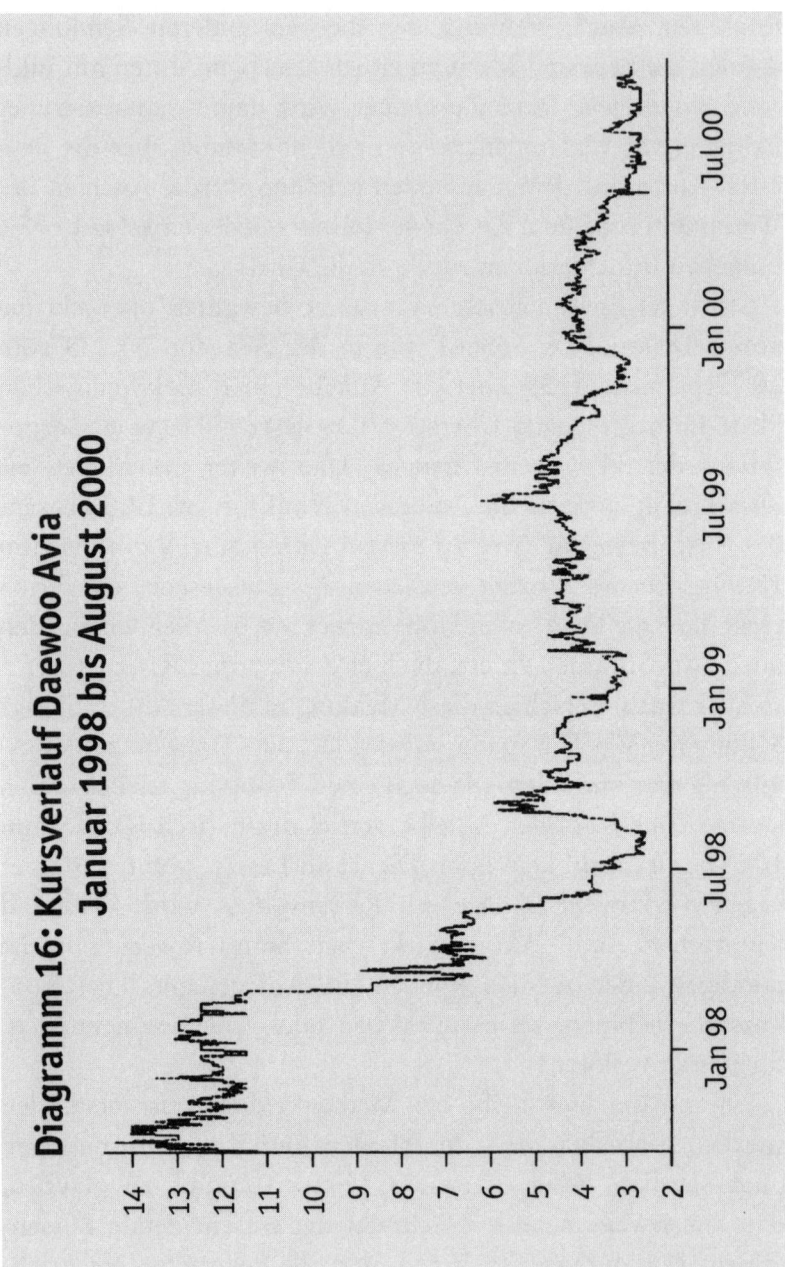

**Diagramm 16: Kursverlauf Daewoo Avia
Januar 1998 bis August 2000**

ten von gestern und vorgestern als veraltet und in den Kursen bereits enthalten vernachlässigen könnte. Gerade die neuesten Nachrichten sind bereits stärker in den aktuellen Kursen berücksichtigt als diejenigen von gestern, weil sie überbewertet werden.

In einer im Oktober 2006 veröffentlichten Studie der Wirtschaftswissenschaftler Luigi Guiso und Tullio Japelli wurde bewiesen, dass für die meisten Anleger mehr Informationen nicht nur nutzlos, sondern sogar verlustbringend sind. Je mehr Zeit Anleger aufwenden, um ihr Wissen zu erweitern, desto schlechter entwickelt sich ihr Wertpapierdepot. Um dies zu nachzuweisen, sammelten die Forscher Informationen über die benötigte Zeit, die Kunden einer italienischen Bank für die Informationsbeschaffung aufwandten, und setzten den Zeitaufwand zu den Erträgen des Aktiendepots in Relation. Das Ergebnis: Je mehr Informationen die Investoren sammelten, desto häufiger kauften und verkauften sie, verschlechterten aber dabei eher ihre Performance. »Hin und Her macht Taschen leer«, heißt die bekannte Börsenregel, die hinter diesem Ergebnis steht.

Noch gefährlicher wird es für den Anleger, wenn sich die Medien – ob bewusst oder unbewusst – einspannen lassen, um Nachrichten zu verbreiten, die Kurse gezielt beeinflussen sollen.

So meldete die *Frankfurter Allgemeine Zeitung* am 22. Juli 1999:

»Deutsche Aktien übergewichten. Merrill Lynch: Chemietitel und Autowerte sind interessant«.

Dass eine angesehene deutsche Tageszeitung die Analyse eines anerkannten amerikanischen Finanzinstituts veröffentlicht, ist sicher eine Meldung wert. Aber der Leser müsste sich fragen:

104 Die gefährlichsten Börsenfallen

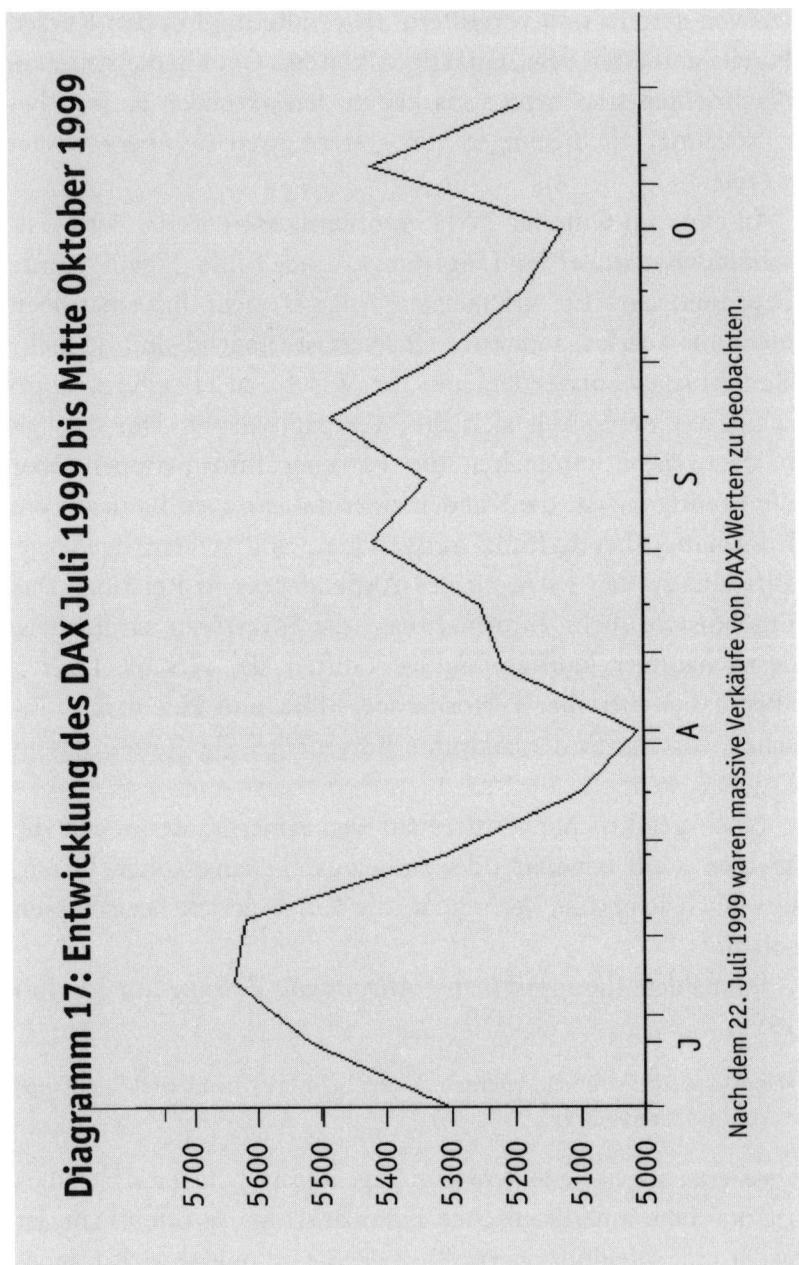

Diagramm 17: Entwicklung des DAX Juli 1999 bis Mitte Oktober 1999

Nach dem 22. Juli 1999 waren massive Verkäufe von DAX-Werten zu beobachten.

Was soll eine solche Meldung? Diejenigen, die diese Empfehlung gaben, haben doch sicher ihre geplanten Käufe bereits unter Dach und Fach gebracht.

Die Meldung könnte also allenfalls erklären, warum in den letzten Wochen deutsche Auto- und Chemieaktien gut nachgefragt waren. Mehr gibt die Meldung nicht her, es sei denn, man nimmt an, die Analysten von Merrill Lynch wollten zum Ausdruck bringen, diese deutschen Branchen seien immer noch unterbewertet und es würden sich in den kommenden Monaten hier neue Käufer finden. Aber woher sollten diese neuen Käufer kommen? Merrill Lynch und ihre Kunden sind es nicht, denn die haben ja bereits gekauft. Und die Analysten sind auch keine Hellseher, die voraussehen können, dass sich neue Käufer für diese Branchen entscheiden.

Könnte es aber nicht auch möglich sein, dass die Veröffentlichung der Analyse von Merrill Lynch einen ganz anderen Zweck hatte? Sollte die Nachricht potenzielle Käufer neugierig machen, damit die Investmentbank für sich und ihre Kunden leichter *verkaufen* konnte? Sie meinen, so etwas hat ein angesehenes Institut nicht nötig? Bezüglich des Börsengeschehens heißt es: nur nicht zu viel Vertrauen! Tatsache ist, dass zum 22. Juli 1999 und in den darauffolgenden Wochen massive Verkäufe deutscher Aktien zu beobachten waren, wie Diagramm 17 zeigt. Und die Auto- und Chemieaktien zählten gerade nicht zu den Favoriten der Mitte Oktober 1999 beginnenden Aktienhausse in Deutschland.

Wir werden uns mit diesem Ereignis in Falle 23 (Abgesprochene Hausse und Baisse?) noch näher befassen.

Falle 18
Nanotechnologie

Sie kennen sicherlich die elektrisch geladenen Zäune, mit denen Rinderweiden umgeben sind. Stößt eine Kuh dort an, erhält sie einen unangenehmen elektrischen Schlag. Der ist nicht schlimm, tut aber weh. Von jetzt ab weiß die Kuh, dass sie dem Zaun besser fernbleiben sollte.

Es ist immer gut, aus Erfahrungen zu lernen. Aber mancher Anleger lernt es nie. Ende der 1990er Jahre hatte man heftige Verluste erlitten, als man sich von einer neuen Technologie, dem Internet, dazu hinreißen ließ, buchstäblich jeden Pfennig in Aktien von Unternehmen zu stecken, die das Wort »com« oder »net« im Namen führten. Die Unternehmensmodelle konnten noch so fragwürdig sein – Skepsis war damals einfach nicht gefragt. Die Furcht davor, etwas verpassen, war stärker. Und so stiegen viele zu Höchstkursen ein, obwohl die betreffenden Aktien Kurs-Umsatz-Verhältnisse von 60 und mehr aufwiesen.

Kühe sind lernfähig. Sie hüten sich davor, den elektrisch geladenen Zaun noch einmal zu berühren. Anleger sind es offenbar nicht. Heutzutage bekommen viele schon glänzende Augen, wenn sie das Wort »Nano« nur hören, ganz zu schweigen davon, wenn es im Namen eines Unternehmens auftaucht.

Heute heißt es, Nanotechnologie sei *die* neue Wachstumsbranche, bei der man unbedingt dabei sein müsse. Mit ihrer Hilfe werde man Autoreifen herstellen, die keinen Platten mehr haben, kleine intelligente Chips würden unsere Blutgefäße nach Krebszellen absuchen und vieles mehr. Kurz: Nanotechnologie sei *die* Zukunftstechnologie des 21. Jahrhunderts.

Einige Unternehmen nutzen die neue Euphorie und benennen sich um – so wie es seinerzeit in der Internetboomphase zu beobachten war –, um zu verdeutlichen, dass sie der Zukunftsbranche angehören. Der Anreiz dazu ist groß, denn seinerzeit wurde dieser Umstand durch eine Verfünffachung des Aktienkurses belohnt. Wenn ein Wechsel des Namens damals so großen Erfolg hatte, warum dann Derartiges nicht erneut ausprobieren?

Deshalb heißt das Unternehmen SI Siamond Technology von jetzt ab »Nano-Proprietary«. Der Börsenkurs verfünffacht sich. US Global Aerospace, ein reines Forschungsunternehmen, das 2004 noch keine Umsätze aufwies, heißt nun »US Global Nanospace«. Der Aktienkurs steigt vorübergehend um den Faktor 30. Schlau, nicht wahr? Da müssten die Marketingleute in den Banken, die auch noch von dem Nano-Boom profitieren könnten, schon auf den Kopf gefallen sein, würden sie nicht schleunigst Fonds oder Zertifikate mit ähnlich verheißungsvoll klingenden Namen auflegen. Die WestLB und Credit Suisse First Boston versuchten es mit einem Nano-Zertifikat. Merrill Lynch fasste gleich 25 Aktien zu einem eigenen »Nano-Index« zusammen.

Oder nehmen wir eine Firma wie ITN Nanovation (WKN A0JL46), die im Juli 2006 an die Börse kam. Sie wurde schon zu dieser Zeit mit einem Kurs-Umsatz-Verhältnis von 22 bewertet – ungeachtet dessen, dass sie im Jahr 2005 noch einen Verlust von 1,6 Millionen Euro erlitten hatte. Dennoch gelang es ohne Weiteres, die Aktie zu einem hohen Kurs an der Börse zu platzieren. Nachdem der Kurs bis Ende 2006 stark gefallen war, setzte er im Januar 2007 zu einem neuen Aufschwung an (Diagramm 18).

108 Die gefährlichsten Börsenfallen

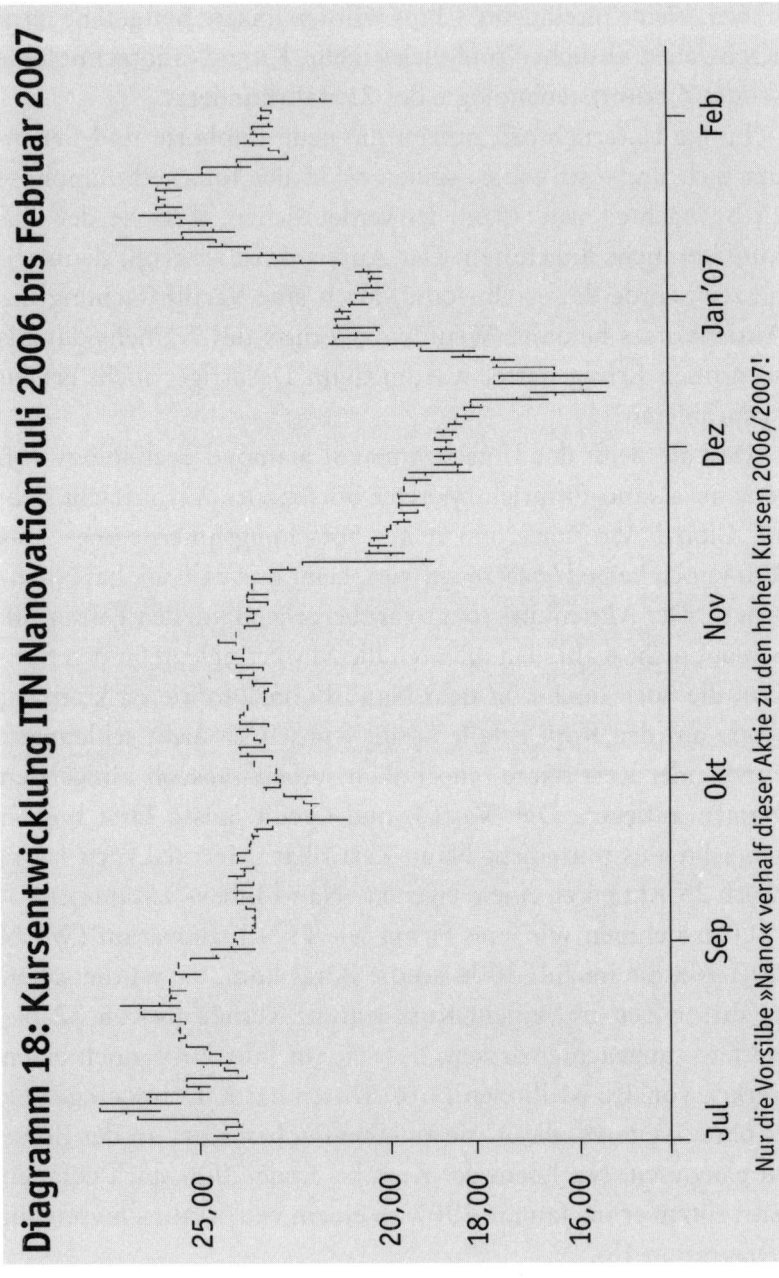

Diagramm 18: Kursentwicklung ITN Nanovation Juli 2006 bis Februar 2007

Nur die Vorsilbe »Nano« verhalf dieser Aktie zu den hohen Kursen 2006/2007!

Zum Glück gibt es doch noch eine aufmerksame Presse, die auch einmal gegen die herrschende Meinung argumentiert und die Anleger warnt, wie etwa das *Handelsblatt*, die *Frankfurter Allgemeine Zeitung* oder die *Süddeutsche Zeitung*. Die Firma Nanosys musste einen geplanten Börsengang wieder absagen. US Global Nanospace verlor bald wieder kräftig an Wert. Andere Aktien, die das »Nano« im Namen tragen, mussten ebenfalls hohe Kursverluste hinnehmen, als sich die Euphorie wieder etwas legte. Allerdings wird die Begeisterung immer wieder von Neuem angefacht, unter anderem auch durch die Zeitschrift *Der Aktionär* des Kulmbacher Fondsberaters Bernd Förtsch, die gern hochspekulative Werte empfiehlt, die auf engen Märkten gehandelt werden. Über Förtsch schrieb die *Süddeutsche Zeitung* am 16. Januar 2007:

»Bernd Förtsch brachte es im Börsenboom zu zweifelhaftem Ruhm, jetzt versorgt er Investoren auf vielen Kanälen mit Anlagetipps.«

Damit kein Missverständnis aufkommt: Freilich ist Nanotechnologie ganz wichtig. Es geht hier um die Entwicklung neuartiger, extrem reibungsarmer Oberflächenmaterialien und winzig kleiner chemischer Katalysatoren sowie elektronischer Apparaturen. Auch in der Biotechnik ist diese Technologie einsetzbar. Aber sie ist keine eigenständige Branche und schon gar nicht durch irgendwelche Namen von Firmen repräsentiert. Sie findet vielmehr in einer Vielzahl von Unternehmen und Branchen Anwendung, diesseits und jenseits des Atlantiks. Siemens, BASF, Daimler, VW und viele andere Unternehmen, auch mittelständische, wenden sie an. Aber sie bildet eben nur einen Teilbereich von deren Aktivitäten. BASF zum Beispiel erzielt rund 5 Prozent seiner Erlöse mit Nanotech-Produkten. Würden diese Bereiche aus dem Konzern ausgliedert und an der Börse mit dem 22-fachen Jahresumsatz bewertet, wie dies bei ITN

Nanovation geschah, dann wären allein diese 5 Prozent rund 44 Milliarden Euro wert. Andererseits war der gesamte BASF-Konzern im Februar 2007 nur knapp 40 Milliarden Euro wert. Schon daran wird ersichtlich, wie absurd die Bewertungen von Nanotechnologien an der Börse sind!

Lassen Sie sich also nicht durch Sensationsartikel oder Fernsehsendungen, ausgetüftelt von gewieften PR-Strategen, zum Kauf von »Nanotech-Fonds« verleiten. In solchen Fonds sind nach meinem Dafürhalten mehr oder weniger willkürlich ausgewählte Unternehmen vertreten, die neben vielen anderen auch nanotechnologische Verfahren einsetzen und deren Aktien hoffnungslos überbewertet sind.

Falle 19
Ethische Investments

»Gewinnen Sie an der Börse mit gutem Gewissen!« Mit dieser Parole wird oft für so genannte Ethikfonds geworben. Müsste also im Umkehrschluss jeder, der die Bedingungen selbst ernannter Ethikfonds nicht erfüllt, ein schlechtes Gewissen haben?

Lassen Sie sich nur diesen Unsinn nicht einreden. Ein solches Schwarz-Weiß-Denken geht an der Wirklichkeit vorbei. Wer als Verbraucher umweltfeindliche Chemikalien und Tabletten bedenkenlos kauft, energiefressende Geräte benutzt, Eier aus Legebatterien und Fleisch von transportgeschädigten Tieren verzehrt, hat kein Recht, die hinter diesen Produkten stehenden Unternehmen zu beschuldigen und sich selbst ein gutes Gewissen zu verschaffen, indem er »Ethikfonds« kauft. Wer wirklich etwas für den Natur- und Umweltschutz tun will, muss sich fragen lassen, warum er sich nicht auf diesem Gebiet *wirklich engagiert*, zum Beispiel im Bund Naturschutz.

Zu meinen, man habe für die Umwelt genug getan, indem man zum Beispiel nur Aktien kauft, die Strom aus Sonnen- oder Windenergie beziehen oder sich mit der Verwertung von Stahlwerkstäuben, Salzschlacken und Kabelschrott befassen, ist ziemlich naiv. Die meisten Energiekonzerne haben eine große Produktpalette und bieten häufig sogar alle möglichen Energieformen an. Siemens zum Beispiel kann als Kernenergie- oder

Rüstungskonzern angesehen werden, bietet aber auch Windkraft und Sonnenenergie an, ist auf diesen Gebieten sogar mit führend in Deutschland. Der Nahrungsmittelkonzern Unilever, dem der Einsatz von Legebatterien bei Hühnern vorgeworfen wird, stellt auch ökologisch wertvolle Nahrungsmittel her. Die Verbraucher haben es in der Hand, das Angebot zu beeinflussen, nicht die Aktionäre. Wenn ich ein Unternehmen für gut halte und von dem begeistert bin, was es tut, dann kaufe ich in erster Linie seine *Produkte* oder nehme seine Dienstleistungen in Anspruch und empfehle sie Freunden und Bekannten weiter. Produkte, die ich für bedenklich halte, kaufe ich nicht, etwa Schweinefleisch aus Tiertransporten oder Eier aus Legebatterien. Der Verbraucher steuert mit seinem Nachfrageverhalten sehr wohl den Markt; der Kleinaktionär steuert mit dem Kauf von Ethikfonds gar nichts.

Ethikfonds dürfen übrigens in Deutschland unter diesem Namen nicht angeboten werden – und dies mit Recht! Denn eine solche Bezeichnung spricht stillschweigend allen anderen Gesellschaften ethisches Handeln ab. Damit tut man aber vielen verantwortlich handelnden Mitarbeitern in zahlreichen Unternehmen und auch in Konzern*teilen* unrecht.

Oft sind denjenigen, die dem Kleinanleger so genannte Ethikfonds anbieten, ethische Fragen herzlich egal. Sie haben nur einmal wieder eine Gruppe entdeckt, der sie etwas verkaufen können, indem sie an deren Gewissen appellieren. Ob diese Fonds dann nicht nur für die ausgebende Bank, sondern auch für den *Anleger* erfolgreich sind, ist zweitrangig.

Dennoch werden von Luxemburg aus Fonds unter solchem Namen angeboten; es ist offenbar für Investmentbanken allzu verlockend, eine neue Anlegergruppe in einem offensichtlichem Wachstumsmarkt für sich zu gewinnen. Immerhin ist die Summe, die in »ethischen Investments« in den letzten Jahren angelegt wurde, pro Jahr um rund 60 Prozent gewachsen.

Sehr beliebt ist die Bezeichnung »Ökofonds«. Aber Bezeichnungen wie »Öko«, »eco«, »sozial« oder »nachhaltig« garantieren noch lange keine Unterschiede zu konventionellen Aktienfonds. »Die hehren Ansprüche mancher nachhaltigen Anlagekonzepte werden dem Ziel, ökologische, soziale und ethisch vertretbare Aktien im Portfolio zu haben, nicht immer gerecht«, warnt Carsten Krebs vom Bund für Umwelt und Naturschutz Deutschland e. V.

Bislang gibt es nämlich kein Gütesiegel für ethische, ökologische und soziale Auswahlkriterien. Die Konzepte nachhaltiger Fonds sind daher ausgesprochen unterschiedlich. Da wurde auch schon der US-Müllentsorger Waste Management als »grüne Aktie« bezeichnet, obwohl eine Tochtergesellschaft dieses Konzerns bereits Bußgelder wegen Umweltverstößen berappen musste und fünf ehemalige Topmanager wegen Betrugs angeklagt wurden.

Der neueste Renner bei angeblich nachhaltigen Geldanlagen sind Bioenergiefonds, die in Biogasanlagen investieren. Experten warnen vor hohen Risiken. Die Stiftung Warentest gibt zu bedenken, dass die Biogasbranche noch sehr jung ist und nicht alle Fondsanbieter über ausreichende Erfahrungen verfügen. Hinzu kommen zuweilen unangemessen hohe Kosten für Fondskunden.

Fazit: Anleger benötigen keine Fonds, die ihnen Spesen und Gebühren aufladen und dabei in ihrer Zusammensetzung möglicherweise gar nicht das repräsentieren, was beispielsweise Umweltschützer anstreben. Sie sollten die Aktiengesellschaften, mit deren Produkten sie sich identifizieren können, selbst auswählen können, sie durchaus nach ethischen Kriterien abklopfen, aber dabei nicht auf Rendite verzichten.

Falle 20
Daytrading

Unter Daytrading oder »Intra-Day-Trading« versteht man den extrem kurzfristig angelegten spekulativen Handel mit Aktien, Aktienindizes, Terminkontrakten und Optionen auf festverzinsliche Wertpapiere oder Waren. Daytrading kam Ende der 1990er Jahre in Mode und hat bis heute seine Befürworter. Spekuliert wird vor allem an den amerikanischen Terminmärkten in Chicago und New York, aber auch an der Eurex und in Frankfurt.

Ein Daytrader versucht, kurzfristige Hoch- und Tiefpunkte im Tagesverlauf eines Aktienindex, eines Index auf festverzinsliche Wertpapiere (zum Beispiel »Bund-Future«) oder eines Devisenkurses zu erkennen und zu Käufen und Verkäufen zu nutzen. Der Zeitraum seiner Aktionen ist also wesentlich kürzer als bei einem normalen Aktienanleger, der ja in der Regel die Trends von Monaten oder gar Jahren zu nutzen sucht.

Es hört sich zunächst überaus verlockend an, was zum Beispiel die Zeitschrift *Focus* in ihrer Ausgabe vom 30. Oktober 1999 über das Daytrading des Studenten Patrick Wüst schilderte:

»Mit voller Konzentration beobachtet Wüst wachsende und schrumpfende Säulen und Kurven an seinem Bildschirm. Über- oder unterschreiten sie bestimmte Grenzwerte, ist das für ihn das Signal zum Handeln. Von einem zweiten Computer aus schickt der Hobby-Spekulant Kauf-

oder Verkaufsaufträge über eine spezielle Handelssoftware an die Börse. Sekunden später erscheint die Bestätigung:

Die Order ist ausgeführt. Am Bankschalter hätte das Geschäft Minuten gedauert; Zeit, die ihn Hunderte von Mark hätten kosten können.«

So einfach ist das also, Geld zu verdienen?

Nicht nur Patrick Wüst, auch der ehemalige Bauunternehmer Max Fink, berichtet *Focus*, betreibe jetzt Daytrading. Er habe seine Firma verkauft und arbeite nun nur noch von 8:30 Uhr bis 11:30 Uhr und von 14:30 Uhr bis Börsenschluss. In ein paar Jahren wolle er sich als Millionär zur Ruhe setzen.

Nach einer Untersuchung der North American Securities Administrators Association (NASAA) weisen allerdings im Schnitt 70 Prozent der Konten der Daytrader am Ende eines Tages einen Verlust auf. Diese Tatsache wird von den so genannten Trading-Centern gern verschwiegen. Diese Center, die in den USA gang und gäbe sind, breiten sich auch in Deutschland immer mehr aus. Man mietet sich einen Schreibtisch, einen Computer, dessen Programme Kauf- und Verkaufssignale liefern, sowie einen Direktanschluss zur Terminbörse. Ist das die neue Freizeitbeschäftigung: Zocken im Daytrading-Center statt wie früher in Spielhallen oder Spielbanken?

Im Oktober 1999 stürmte ein Bewaffneter namens Mark Barton die Geschäftsräume eines Büros in Atlanta, erschoss neun Angestellte und anschließend sich selbst. Es war ein Daytrader, der Haus und Hof verloren hatte und offenbar die mit in den Tod nehmen wollte, die er für mitschuldig an seinem Unglück hielt.

Viele der Daytrader haben schon Erfahrung mit dem Aktienmarkt. Oft haben sie dort viel Geld verloren und versuchen nun in verhältnismäßig kurzer Zeit, dies durch Erfolge an den Terminmärkten auszugleichen. Das »schnelle Spiel« kommt der Ungeduld dieser Anlegergruppe sehr entgegen: kein monatelanges Warten mehr auf den Börsenerfolg. Er stellt sich sofort oder überhaupt nicht ein. Jeder Tag bedeutet neues Spiel, neues Glück.

»Glück« ist auch das Schlüsselwort im Daytrading. Der Daytrader braucht vor allem Glück, und er hofft darauf. Denn es geht nicht um einen Handel aufgrund wirtschaftlicher Daten und Werte, da diese sich im Laufe eines gewöhnlichen Tages ja nicht ändern. Eigentlich geht es um psychologische Vorhersagen, wie sich die anderen Mitspieler an der Börse an diesem Tag verhalten werden. Nirgendwo im Börsengeschehen ist klarer zu erkennen, wie Börse und Wirtschaft völlig voneinander abgekoppelt sein können und im Grunde nichts mehr miteinander zu tun haben.

Wird hier reines Glücksspiel betrieben, krankhafte Spielsucht gepflegt? Ein Daytrader wird immer behaupten, das, was er tue, sei kein Glücksspiel. Denn auch die so genannten »technischen Analysten« im normalen Börsenhandel beschäftigten sich ja nicht mit wirtschaftlichen Daten, sondern analysierten nur Trends. Da gehe es wie beim Daytrading um Charts, um Trendlinien, Wellenanalysen, Unterstützung und Widerstand sowie um »Ausbrüche«. Der Daytrader habe feste vorgegebene Handelssysteme; seine Methoden unterschieden sich von den technischen Analysen nur dadurch, dass sie sich ausschließlich auf ganz kurzfristige Börsenbewegungen beschränkten, die sie zu nutzen versuchten.

Mancher Daytrader hält sich sogar für viel verantwortungsbewusster und vorsichtiger als andere, weil er am Ende eines Börsentages bewusst einen Schlussstrich ziehe und niemals eine riskante Position über Nacht stehen lasse. Der Leiter einer Brokerfiliale mit jahrelanger Erfahrung im Daytrading meinte, als ich ihn auf die Chancen und Gefahren ansprach:

»Wenn man einer sinnvollen Strategie folgt, sind die Chancen schon größer als 50 Prozent, damit kleinere Erfolge zu erzielen. Reich werden kann man davon nicht. Und man benötigt sehr viel Geduld, vermutlich mehr, als es die meisten aufbringen, die sich für Daytrading entscheiden. Beispielsweise darf man an bestimmten Börsentagen niemals Daytrading betreiben: wenn der Zentralbankchef eine Rede hält, wenn neue US-Konjunkturzahlen veröffentlicht werden oder an so genannten Verfalltagen für Terminkontrakte. Zu solchen Zeiten ist die Börse absolut unberechenbar.«

Die Frage nach der sinnvollen Strategie ist vermutlich im Daytrading entscheidend. Mir hat noch niemand eine gezeigt, die auf längere Sicht in mehr als 50 Prozent der Fälle zum Erfolg führte. Denn je kürzer der Zeitraum, desto weniger lassen sich die Börsen einem Regelwerk unterwerfen.

Die anschwellende Literatur zum Daytrading (»schnelle Gewinne an schnellen Märkten«) weckt bei den Lesern die gefährliche Illusion, man müsse sich hier nur an ein paar Kniffe und Systeme halten, dann sei der Weg zum großen finanziellen Glück offen. Sieht man sich diese Regeln einmal etwas genauer an, wie sie etwa Buchautor Howard Abell seinen Lesern vermittelt, so klingen diese weniger nach einer ausgefeilten Strategie, sondern eher nach amerikanischer Lebensweisheit: Man solle seine Motive untersuchen, es müsse einem Spaß machen, harte Arbeit sei unumgänglich, man benötige Selbstvertrauen. Außerdem sei Daytrading eine Ganztagsbeschäftigung.

Im Jahre 1999 wurde in Deutschland fast monatlich ein neues Daytrading-Center eröffnet. In solchen Centern werden Handelsplätze vermietet, die Mieter müssen mindestens 50 000 Euro Risikokapital nachweisen und 25 000 Euro Einsatz liefern. Häuft der Trader Verluste an, so friert die ausführende Bank vernünftigerweise das Konto ein.

Das Bundesaufsichtsamt für das Kreditwesen legte im Oktober 1999 allerdings fest, dass Daytrading-Center in Deutschland eine Lizenz benötigen, da sie Finanzdienstleister seien. Damit wurde einer zu schnellen Ausbreitung des Daytradings erst einmal ein Riegel vorgeschoben. Doch auf Dauer wird dies kein Hindernis sein, wenn immer mehr Spielsüchtige auf der Suche nach dem schnellen Gewinn auf das Daytrading stoßen.

Eben diese angestrebten schnellen Gewinne machen verräterisch deutlich, dass sich offenbar gezielt solche Persönlichkeiten mit Daytrading befassen, die von ihrer inneren Verfassung her wenig Geduld aufbringen, um bestimmte Börsenentwicklungen reifen zu lassen. Schnelle Lösungen zu suchen, wo gar keine sind, führt aber an der Börse auf einen Holzweg.

Parallelen zu Glücksspiel und Suchtverhalten liegen auf der Hand, auch wenn dies von den Daytradern immer wieder bestritten wird. Mancher behauptet, er sei sogar sehr geduldig und könne neunzehn Mal einen Handel mit Verlust abschließen, wenn er schiefliege. Dann aber stelle sich doch der große Gewinn ein, der die vorhergehenden Verluste mehr als ausgleiche. Ein erfolgreicher Daytrader, so wird gesagt, könne warten, wickle nur wenige Geschäfte pro Tag ab und folge eisern seiner Strategie. Glücksspieler hingegen handelten spontan nach Gefühl und wechselten ständig ihr Konzept. Erfolg beim Daytrading hänge nur von der Disziplin ab, rechtzeitig den Trends zu folgen und nicht eigensinnig an einem eingebildeten Hoffnungsszenario zu hängen.

Ob dies schon genügt, um Erfolg zu haben, ist sehr fraglich. Die wenigsten Daytrader sind sich darüber im Klaren, dass sie gegenüber dem normalen Aktienhandel schwere Nachteile hinnehmen müssen. Während es für mittelfristig orientierte Anleger, die Käufe mit Blick auf die nächsten sechs Monate bis zwei Jahre planen, einige gut bewährte Regeln und Handelssysteme gibt, fehlt ein durchweg funktionierendes System für den kurzfristigen Börsenhandel. Die Tagesschwankungen verlaufen oft sehr zufallsbedingt. Daytrader sind eben doch großenteils auf ihre Intuition angewiesen.

Außerdem ist der kurzfristige Terminhandel weitgehend von den Profis der großen Investmentbanken dominiert. Da nützt es wenig, dass die Amateure inzwischen fast ebenso schnell handlungsfähig sind wie die Börsenprofis. Sie zahlen höhere Spesen bei Börsengeschäften und sind schon deshalb auf längere Sicht im Nachteil. Zudem verfügen Investmentbanken über große Macht am Börsenmarkt. Sie setzen neue Trends oft gegen bewährte Regeln, allein aufgrund der Menge ihrer gehandelten Kontrakte.

Und mit einer solchen Konkurrenz will man es als Privatanleger aufnehmen? Man hat weder die Verbindungen noch die Möglichkeiten der Profis, um hier wirklich mithalten zu können. Würden Sie sich als ungeübter Amateur auf einen Wettkampf mit einem erfahrenen Profiboxer einlassen? Sicher nicht! An den Terminbörsen aber sind immer wieder die Amateure der Meinung, sie seien unbesiegbar und könnten es mit allen und jedem aufnehmen.

Im Februar 2000 interessierte sich auch die amerikanische Börsenaufsichtsbehörde Securities Exchange Commission (SEC) für das Daytrading. Sie beschuldigte die Finanzdienstleister Investment Street und Alltech Direct, Kredite, die weit über dem gesetzlichen Limit lagen, an Kunden vergeben zu haben, um sie zum Daytrading zu verleiten. In den USA sind die Sicherheitsvorschriften sehr streng. Mindestens 50 Prozent des Werts der gehandelten Aktien oder Kontrakte müssen von den Anlegern als Eigenkapital hinterlegt werden, damit das Risiko abgedeckt ist. Bei Verlusten muss unverzüglich Kapital nachgeschossen werden.

Verschiedene Daytrading-Firmen hatten offenbar zu hohe

Kredite vergeben und in der Werbung falsche Versprechungen gemacht. Auf die Risiken wurde nicht hingewiesen, und Kredite wurden auch an praktisch mittellose Kunden gegeben. Außerdem erklärte die SEC, sie wolle dem Verdacht nachgehen, inwieweit Anleger bei der Abwicklung dieser Geschäfte auch betrogen worden waren, zum Teil mithilfe gefälschter Unterschriften.

Grundsätzlich sei hier die Frage aufgeworfen, ob ständiger Einsatz am Computer oder Fernsehgerät, um Geld zu verdienen, nicht die Gesundheit und dazu das Leben zerstört. Das ständige Zuschauen beschleunigt den Puls, die Stimmung wechselt von Euphorie zu Panik. Zwar huldigt der Daytrader dem Irrglauben, solange er die Kurse beobachte, habe er alles im Griff. Doch dies ist eine Illusion. Binnen Sekunden können sich am Terminmarkt heftige Aufwärts- oder Abwärtsbewegungen vollziehen. Gerade in solchen extrem angespannten Situationen kommt er möglicherweise gar nicht so schnell zu seinem Händler durch wie er möchte, weil viele andere Trader jetzt auch unbedingt »raus, nichts wie raus« möchten.

Als am Montag, dem 3. Januar 2000, der DAX nach einem euphorischen Höhenflug vor Silvester und noch zur Eröffnung im Tagesverlauf plötzlich schwach wurde und zu einem Sturzflug ansetzte (Diagramm 19), brachte dies manchen Daytrader an den Rand eines Nervenzusammenbruchs. Die Internetleitungen für den Handel mit den Direktbanken waren großenteils völlig blockiert. Auch das Telefon half nicht; man wurde in eine Warteschleife umgeleitet und musste zum Teil rund 90 Minuten warten, um endlich seine Orders loszuwerden. »Die gesamte Warterei hat mich rund 25 000 Mark gekostet«, klagte ein Daytrader.

Es gibt auch Daytrader, die den Börsentag als 24-Stunden-Tag ansehen. Der Handel mit Devisen und dem S&P-Future-

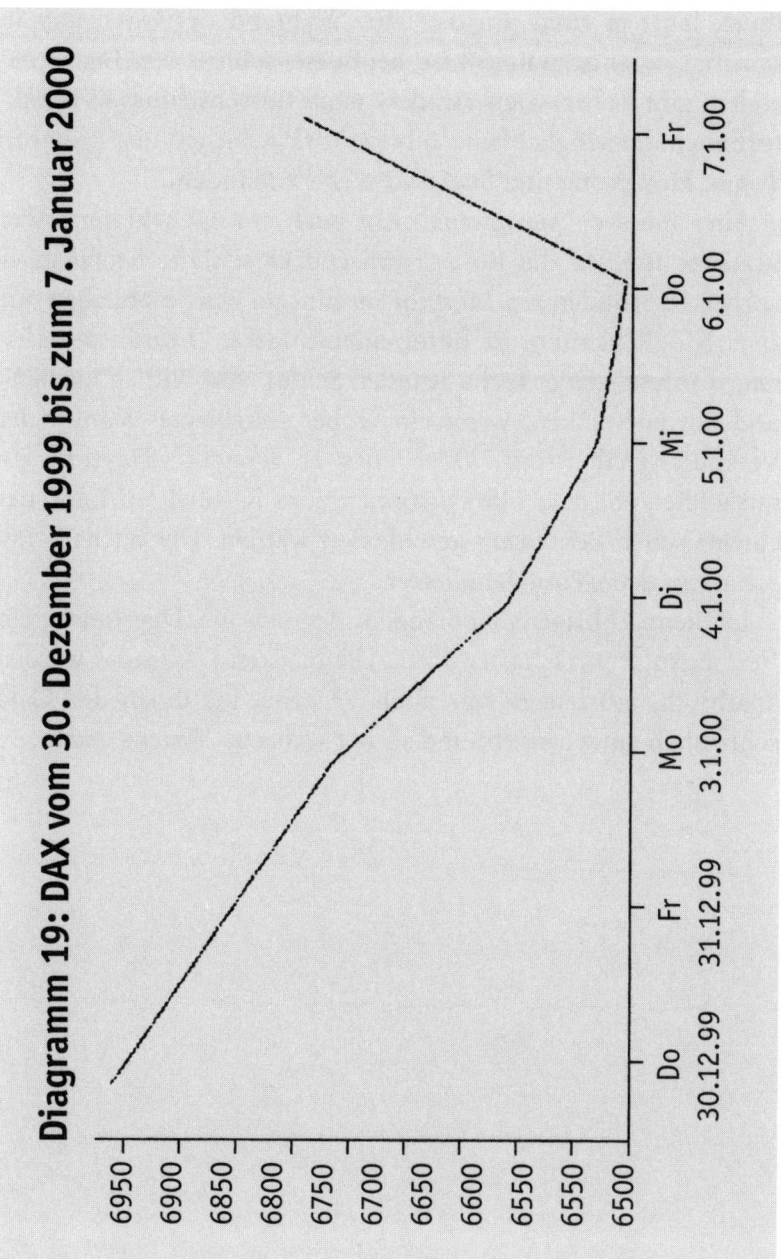

Diagramm 19: DAX vom 30. Dezember 1999 bis zum 7. Januar 2000

Index läuft ja rund um die Uhr. Während der Daytrader in seinem Center gezwungen ist, bei Börsenschluss den Tag zu beenden, gibt es für »Dauertrader« nach Börsenschluss in Frankfurt auch die Möglichkeit, in New York, Chicago und später in Tokio, Hongkong und Singapur weiterzuhandeln.

Aber muss er wenigstens nicht auch einmal schlafen? Wer bewacht für ihn die Börse, während er schläft, nachdem er vorher 18 Stunden am Monitor im Einsatz war? Es bleiben nur zwei Möglichkeiten: Er bittet einen anderen Terminspezialisten, während seiner sechs Stunden Schlaf »am Ball zu bleiben« und ihn zu wecken, wenn ein vorher festgelegtes Kauf- oder Verkaufssignal ertönt. Oder aber er versteht »Daytrading« tatsächlich so, dass alle Positionen zum Beispiel am Ende der europäischen Börsenzeit geschlossen werden. Der nächste Tag soll dann neue Vorgaben liefern.

Ich kenne übrigens niemanden, der sich mit Daytrading ein Vermögen erwirtschaftet hätte. Die meisten Daytrader werden apathisch, fabrizieren nur noch Verluste, bis ihnen das Geld schließlich ganz ausgeht und sie als seelische Wracks enden.

Falle 21
Fusionseuphorie

Eine Zeit lang galten weltweite Fusionen zwischen Großunternehmen in jedem Fall als wünschenswert für die Aktionäre. Die Gründe dafür sind schnell aufgezählt: Man könne sich besser auf dem hart umkämpften Weltmarkt behaupten. Es würden so genannte »Synergieeffekte« erzielt, das heißt, der gemeinsame Wissensstand und Technologievorsprung können zusammengelegt und somit besser genutzt werden. Stückkosten könnten gesenkt, die Einkaufsmacht vergrößert werden. Der gesamte Konzern könne gestrafft und Verwaltungsaufgaben zusammengefasst werden. Unwirtschaftliche Bereiche in einem der Teilkonzerne würden eingespart; der Gesamtkonzern käme mit sehr viel weniger Personal aus.

Mit dieser Botschaft ziehen die großen Investmentbanken (Goldman Sachs, Morgan Stanley Dean Witter, Merrill Lynch, Deutsche Bank) durch alle Lande. Sie behaupten, nur wenige Großkonzerne könnten sich auf Dauer auf dem Weltmarkt behaupten. Das wird so lange gepredigt, bis es geglaubt wird oder zumindest die Topmanager der Unternehmen nervös macht.

Aber bisher konnte in keiner Weise nachgewiesen werden, dass diese Botschaft auch zutrifft. Dennoch halten viele Anleger Großfusionen für ein gutes Zeichen und investieren euphorisch in Aktien der erweiterten Gesellschaft. Dabei hat sich in den letzten Jahren meist gezeigt, dass das Gegenteil richtig war. In der Mehrzahl der Fälle wären die Aktionäre gut beraten gewesen, ihre Aktien nach Bekanntgabe der Fusion schnellstens zu verkaufen, statt in Euphorie auf noch sehr viel höhere Kurse zu warten. So war es bei den Fusionen von Sandoz und Ciba-Geigy (Novartis), der Schweizerischen Bankgesellschaft und des Schweizerischen Bankvereins (UBS), ThyssenKrupp, DaimlerChrysler, AOL und Time Warner, Vodafone und Mannesmann, Allianz und Dresdner Bank – um nur einige Beispiele zu nennen. Keinem der neuen Großkonzerne gelang es, nach der ersten Strohfeuer-Hausse tatsächlich noch wesentliche Kursgewinne zu erzielen (Diagramme 20 und 21). Enttäuschungen folgten auf dem Fuß. Die geplante Fusion der Deutschen Bank und der Dresdner Bank Anfang 2000 scheiterte bereits nach wenigen Wochen, als deutlich wurde, dass im Bereich Investmentbanking keine erfolgreiche Zusammenarbeit der jeweiligen Teams möglich sein würde.

Auch in früheren Jahren war dies nicht anders, auch wenn Größendimensionen wie Ende der 1990er Jahre nur selten waren. Als die US-Computerunternehmen Sperry und Burroughs sich Ende der 1980er Jahre zu Unisys zusammenschlossen, erwarteten sie, dem Marktführer IBM Paroli bieten zu können. Tatsächlich aber hatten sie in den 1990er Jahren große Mühe, nicht gemeinsam in Konkurs zu gehen.

Woran liegt es, dass solche Großfusionen nur so selten glücken? Sind größere Unternehmen schwerer zu lenken? Werden sie bürokratischer und langsamer? Wahrscheinlich trifft dies alles zu, und zudem stellen sich offenbar auch nicht die erwarteten Synergieeffekte ein. Tatsache ist, dass die Mitarbeiter der beteiligten Unternehmen sich offenbar gegenseitig als scharfe Konkurrenz empfinden (»Wo wird wohl Personal eingespart werden müssen?«) und deshalb ihr technisches Know-how keineswegs innerhalb des Konzerns weitergeben, sondern als

Fusionseuphorie

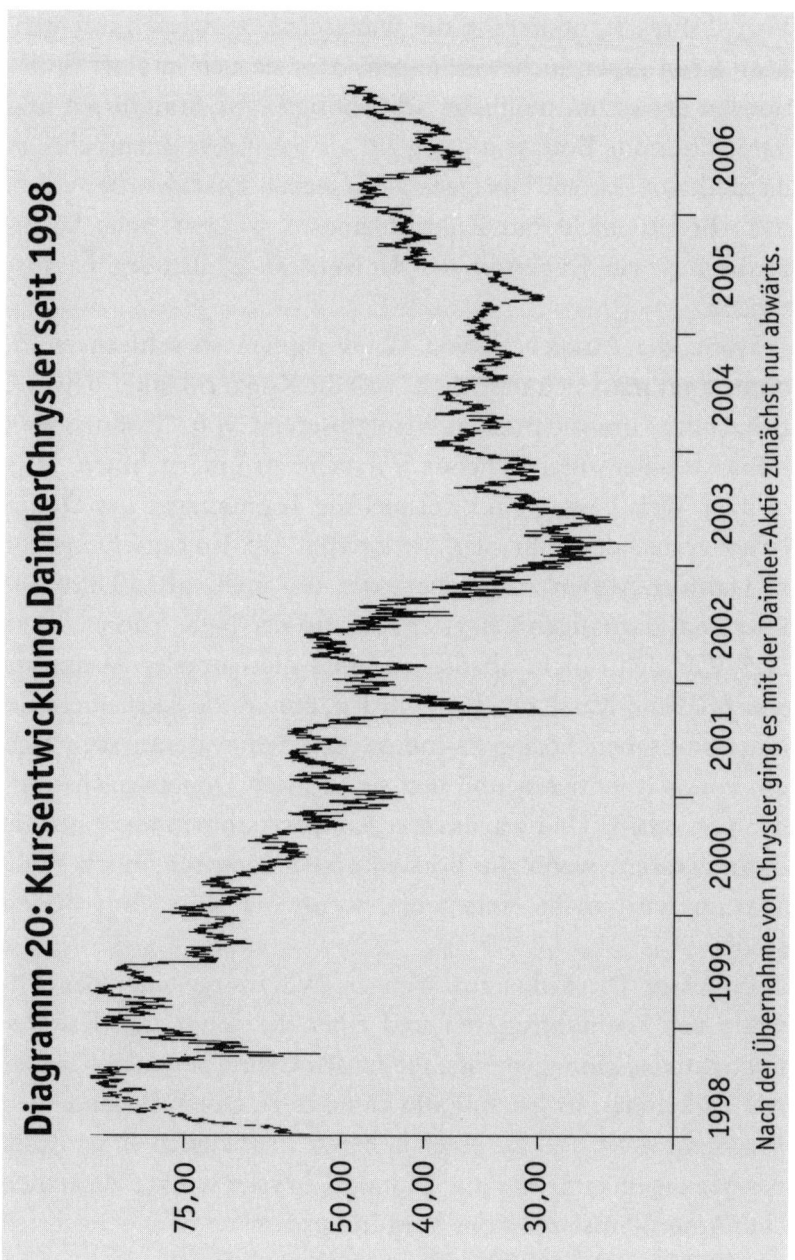

Diagramm 20: Kursentwicklung DaimlerChrysler seit 1998

Nach der Übernahme von Chrysler ging es mit der Daimler-Aktie zunächst nur abwärts.

Vorteil ihres Standortes in die Waagschale zu werfen trachten. Man kann ihnen nicht verdenken, dass sie sich in einer Situation, in der es um mögliche Schließungen von Standorten und darauffolgende Entlassungen geht, als besonders unentbehrlich darstellen möchten. Übrigens verursachen Fusionen bei vielen Mitarbeitern nicht nur Zukunftsängste, sondern auch Suchtprobleme, wie Experten der Universität Oldenburg herausfanden.

Wenn die Aussichten von Großfusionen so schlecht sind, dann fragt man sich natürlich, was die Konzernlenker bewegt, trotz aller offensichtlichen Erfolglosigkeit von Großfusionen immer wieder entsprechende Versuche zu unternehmen. Was in aller Welt bewog zum Beispiel die Topmanager des Daimlerkonzerns, den Chrysler-Aktionären ein Umtauschangebot in Daimler-Aktien zu machen, das um mehr als 30 Prozent über dem damaligen Chrysler-Kurs an der New Yorker Börse lag? War denn nicht abzusehen, dass die Chrysler-Aktionäre anschließend Kasse machen würden, zumal die Aktie nicht im amerikanischen S&P-500-Index vertreten war, an dem sich die Fonds orientieren und den sie in ihren Depots nachzubilden versuchen? Und warum werden Übernahmen meist gerade dann getätigt, wenn die Börsenkurse gerade sehr hoch sind? Warum wird nicht eingekauft, wenn die Kurse am Boden sind?

Professor Dr. Ekkehard Wenger, Würzburg, einer der Anwälte von Kleinaktionären und einer der schärfsten Kritiker uneffektiven Managements, meint den Grund für solche Fusionen zu kennen. In jedem Falle käme es zu einem bedeutenden Machtzuwachs und zu einer höheren finanziellen Einstufung des Managements. Im Falle DaimlerChrysler winkte zusätzlich eine Amerikanisierung des Vergütungsniveaus. Wenger schrieb am 18. November 1999 im *Rheinischen Merkur*:

Diagramm 21: Kursentwicklung Vodafone seit 2000

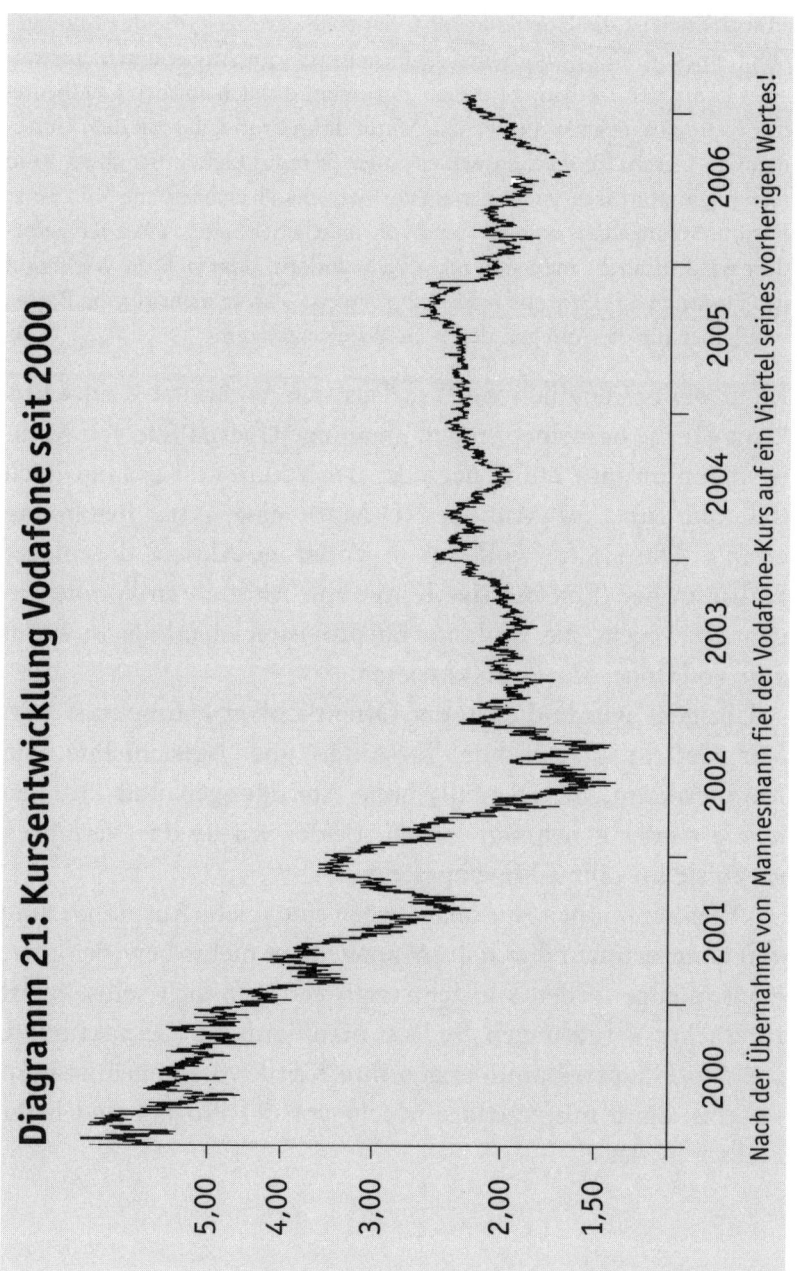

Nach der Übernahme von Mannesmann fiel der Vodafone-Kurs auf ein Viertel seines vorherigen Wertes!

»Tatsächlich ist die Hoffnung auf Gehaltssteigerungen, die das Management eines größer gewordenen Unternehmens im Allgemeinen einstreichen kann, der Treibstoff für viele Fusionen, die sich auf den Geldbeutel der Aktionäre negativ auswirken. Wenn dann Profis, die mit dem Unternehmen Geschäfte machen wollen, über fremdes Geld abstimmen, sind ihre Eigeninteressen wichtiger als der betriebswirtschaftliche Sinn einer Fusion. Solange dies so bleibt und von staatlicher Seite auch noch gefördert wird, braucht man sich nicht zu wundern, dass sich die Mehrzahl der Fusionen am Ende als Fehlschlag erweist – zwar nicht für die Profis, wohl aber für die Anleger, deren Geld sie verzocken.«

Mehr als befremdlich war es, dass sich Vodafone-Chef Chris Gent für die in meinen Augen unsinnige Übernahme von Mannesmann im Jahr 2000, nach der der Vodafone-Kurs nur noch fiel, mit rund 30 Millionen D-Mark eine extra Belohnung gönnte. Die Hälfte wollte er in Vodafone-Aktien, die andere Hälfte in bar. Erst massive Kritik von Aktionären konnte ihn dazu bewegen, die geplante Barprovision ebenfalls in Form von Vodafone-Aktien zu kassieren.

Übrigens wurde dies in der Öffentlichkeit kaum registriert. Vor Gericht kamen nur Vorstände und Aufsichtsräte von Mannesmann, die ebenfalls hohe Abfindungen und Prämien kassiert oder genehmigt hatten. Leider wurde das Verfahren gegen sie im Jahr 2006 eingestellt.

Offenbar können Aktionäre gegen eine solche Ausplünderung von Unternehmen durch ihr Management nichts bewirken. Die Kontrolleure in den Aufsichtsräten erfreuen sich selbst meist fürstlicher Vergütungen. So lässt man dann die Kleinaktionäre zwar in Hauptversammlungen ihre Kritik vorbringen, stimmt sie aber dann mit geballter Macht von 90 Prozent und mehr einfach nieder.

■ Falle 22
Kursmanipulationen durch Großbanken

Am Montag, dem 28. Juni 1999, hatte die Deutsche Telekom die Herausgabe weiterer Aktien geplant. Als Preis war der Schlusskurs vom vorangegangenen Freitag, dem 25. Juni, genannt worden. Nachträglich muss man fragen, wer da so arglos und blauäugig einen festen Zeitpunkt für die Kursfestlegung bestimmt hatte. War den Verantwortlichen nicht klar, welche Spekulation sie damit herausfordern würden?

Zunächst entwickelte sich der Telekom-Kurs am Freitag, dem 25. Juni, noch ganz ruhig; der Preis schwankte leicht um 42 Euro. Plötzlich, wie abgesprochen, wurden kurz vor Börsenschluss von mehreren Banken insgesamt fast 13 Millionen Telekom-Aktien zum Verkauf an der Börse angeboten, ohne Beschränkung des Ausgabepreises nach unten. Es waren die BHF-Bank, die Hypovereinsbank, die Bankgesellschaft Berlin, Trinkaus & Burkhardt, die Fimat International Bank und die kanadische Maple-Partners.

Der Kurs fiel rasant auf 30 Euro, da kaum Käufer im Markt waren. Nun gibt es zum Glück noch einige Vorschriften zur Kursbildung. Wenn ein Aktienkurs in kurzer Zeit aus einer bestimmten Bandbreite herausfällt, wird der Handel unterbrochen, und die Aufträge dürfen dann nicht ausgeführt werden. Es war schon 17:05 Uhr, also eigentlich schon nach Börsenschluss, als die Frankfurter Kursmakler noch einmal allen

Marktteilnehmern Gelegenheit gaben, auf die unlimitierten Verkaufsorders zu reagieren. Nun griffen die Deutsche Bank, die Dresdner Bank, die Bank Paribas und der Freimakler W. Steubing zugunsten der Telekom-Aktie ein. Es gelang ihnen bis 17:09 Uhr, den Kurs wenigstens wieder auf 39,50 Euro hinaufzuziehen.

Aber was war eigentlich der Grund für diese Attacke auf die Telekom-Aktie? Welchen Vorteil versprachen sich die Verkäufer?

Die Telekom hatte ihren Altaktionären Bezugsrechte für die neuen Aktien zugeteilt. Zehn Stück berechtigten zum Kauf einer Telekom-Aktie zu einem Preisabschlag von 2 Euro. Damit war ein Schein 20 Cent wert. Wer sich nun zum Beispiel zehn Millionen Bezugsrechte besorgt hatte (und viele Scheine wurden am letzten Handelstag sogar noch günstiger, für 18 Cent, gehandelt), konnte am 25. Juni ohne Kursbegrenzung nach unten zum Schlusskurs verkaufen, weil er ja über sein Bezugsrecht die Aktien auf jeden Fall günstiger zurückbekam. Gleichzeitig konnten Banken, die an der Kapitalerhöhung nicht beteiligt worden waren, der Telekom auf diese Weise schaden.

Diese Absicht wurde freilich von allen Beteiligten energisch bestritten: Sämtliche Verkäufe seien nicht auf eigene Rechnung, sondern nur im Auftrag von Kunden durchgeführt worden. Bei diesen »Kunden« hatte es sich aber wohl angesichts der hohen Umsätze kaum um Privatanleger gehandelt.

Obwohl viele Kleinanleger gar nicht geschädigt waren, sondern ihre neuen Telekom-Aktien sogar wesentlich günstiger als erwartet bekamen, verursacht der Fall doch größtes Unbehagen. Wenn es für Banken so leicht ist, Kurse zu manipulieren, wer bewahrt dann die Privatanleger vor künftigen Manipulationen, die ihnen schwer schaden?

Immer wieder konnte man auch in jüngster Zeit im Vorfeld

besonderer Ereignisse in verschiedenen Konzernen auffallende Kursbewegungen beobachten. Paragraf 88 des Börsengesetzes droht mit drei Jahren Gefängnis, wenn »betrügerische Einwirkungen auf den Börsenkurs« nachgewiesen werden können. Aber was heißt hier »betrügerische Einwirkungen«? Man kann einer Großbank, die Aktien verkauft, nur schwer nachweisen, dass es sich dabei um eine Manipulation gehandelt hat und nicht um einen ganz normalen Verkauf zur Wahrung bestimmter Interessen. Verboten sind nur unlimitierte Verkäufe bei gleichzeitigen Billig-Aufkäufen. Das nennt man »Cross-Geschäfte«. Aber auch diese nachzuweisen, ist äußerst schwierig.

■ Falle 23
Abgesprochene Hausse und Baisse?

Sind die starken Kursschwankungen an den internationalen Aktienmärkten möglicherweise gar kein Ergebnis des »freien Spiels der Kräfte« am Markt, sondern zentral gesteuert? Große Fusionen im Bankenbereich und die Ausweitung des Eigenhandels der großen amerikanischen Investmentbanken gaben bereits in den 1990er Jahren Anlass zu einer solchen Befürchtung.

Das *Handelsblatt* meldete in seiner Ausgabe vom 21. Mai 1999, dass sieben US-Spitzenbanken 94 Prozent des Derivat-Geschäftes auf sich vereinen.

Eine solche Meldung müsste bei jedem Anleger am Aktienmarkt Alarm auslösen. Mit den »Derivaten«, die von sieben Großbanken kontrolliert werden, sind in erster Linie Termingeschäfte auf Aktienindizes (DAX, Euro Stoxx 50, S&P-Index) und möglicherweise auch auf Devisenkontrakte (Dollar-Yen, Dollar-Euro) gemeint.

Möglich ist eine Manipulation der Aktienindizes durch die großen Investmentbanken auf jeden Fall, sofern sie sich einig sind und nicht gegeneinander arbeiten. DAX-Terminkontrakte (auch DAX-Futures genannt) sind in ihrer Gesamtzahl während eines Tages nicht so umfangreich, als dass sie nicht für große Institute leicht steuerbar wären. Und auffällige Veränderungen des DAX lösen sofort im gesamten europäischen

Raum heftige Bewegungen bei den Aktienindizes der anderen EU-Mitgliedsländer aus, die wiederum die Eröffnungskurse in New York kräftig beeinflussen.

Es ist also keine Frage des Könnens, sondern des Wollens der Großbanken, ob sie solche Manipulationen der Aktienindizes tatsächlich vornehmen, möglicherweise sogar in Absprache mit der US-Zentralbank. Vermutlich hat es bereits in den 1990er Jahren mehr an Zusammenarbeit zwischen dem damaligen US-Zentralbankchef Alan Greenspan, der japanischen Zentralbank und den großen Finanzinstituten der Welt gegeben, als der Öffentlichkeit je bekannt wurde.

Beispielsweise schienen die japanischen Exportunternehmen im Frühjahr 1995 vor allergrößten Schwierigkeiten zu stehen. Der US-Dollar notierte gerade noch bei gut 80 Yen (Diagramm 22). Der Yen stand viel zu hoch, die japanischen Konzerne würden das nicht verkraften. Hinzu kam, dass die japanischen Banken im Grunde zahlungsunfähig waren; sie saßen auf uneinbringlichen Immobilienkreditforderungen.

Aber die japanischen Banken verfügten noch über riesige Reserven an US-Anleihen. Würden sie diese in ihrer Finanznot nun abstoßen, das heißt vor Fälligkeit verkaufen? Dann würden schlagartig die US-Zinsen kräftig steigen und eine Krise am US-Kapitalmarkt auslösen.

Man einigte sich sehr rasch. Der Yen sollte wieder fallen, indem Japan seine Zinsen auf ein Minimum senkte. Der Dollar würde steigen, japanische Banken könnten zu niedrigsten Zinsen in Yen in weitere Dollar-Bonds einsteigen und dort höhere Zinsen erwirtschaften – zumal für sie mit steigendem Dollar diese Papiere wieder sehr viel wertvoller würden. Dann könnten Japans Banken allmählich ihre Riesenschulden abbauen, der US-Markt würde mit Liquidität überschwemmt, seine Kurse würden wieder steigen, und allen wäre geholfen.

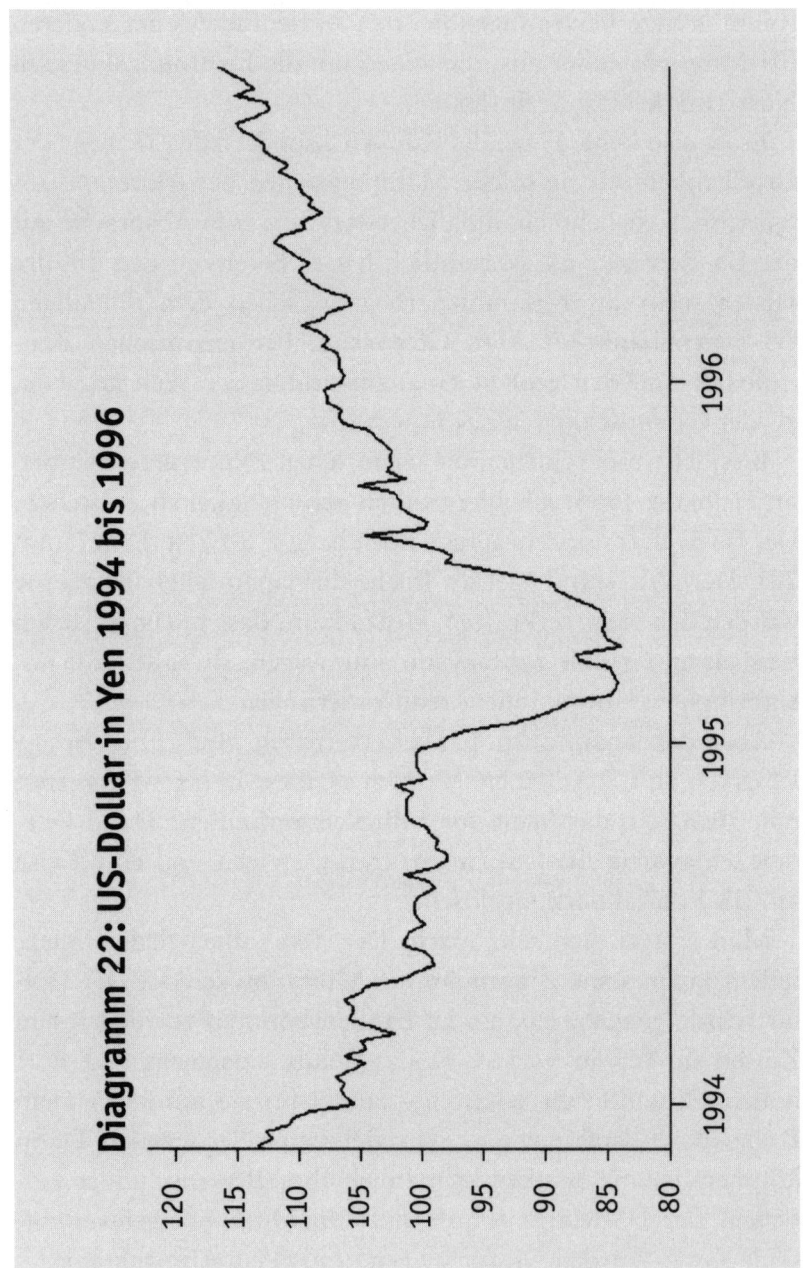

Diagramm 22: US-Dollar in Yen 1994 bis 1996

Wir wissen heute, dass diese Strategie nur teilweise funktioniert hat. Für den Dollar, die US-Anleihen und US-Aktien hat es sich in der Tat kurssteigernd ausgewirkt. Aber es war keine gesunde Entwicklung; die Liquidität führte zu einer Kursinflation bei US-Aktien. Und Japan konnte seine Bankenkrise trotzdem nicht abwenden: So manches Institut musste 1997/98 Konkurs anmelden.

Danach standen die beiden Länder vor dem Problem, dass Japan seine Gelder nun wirklich selbst benötigte und auch teilweise abzog. Aber es war gar nicht so einfach, dies zu bewerkstelligen, ohne dass der Dollar zu sehr gegen den Yen fiel und ohne dass die US-Zinsen weiter stiegen. Es gelang schließlich aufgrund der inzwischen wesentlich besseren US-Haushaltslage, die es der US-Regierung seit 1999 sogar ermöglichte, Staatsanleihen zurückzukaufen. Freilich kam es später unter Präsident George W. Bush wieder zu einer dramatischen Verschlechterung der US-Haushaltslage, was den Wirtschaftsstrategen in den kommenden Jahren noch schwere Probleme bereiten wird.

Das genannte Beispiel zeigt, dass seit den 1990er Jahren auch von Staatsseite her gezielt in die Kapitalmärkte eingegriffen wird. Von daher wundert es nicht, dass sich der US-Zentralbankchef Alan Greenspan auch sofort einschaltete, als Anfang Oktober 1998 ein großer Hedgefonds ins Wanken kam und andere Kreditinstitute mitzureißen drohte.

Fest steht, dass die US-Zentralbank damals mit den weltgrößten Finanzhäusern (z.B. Goldman Sachs, Merrill Lynch, Morgan Stanley, Deutsche Bank) eine Krisensitzung abhielt und den LTCM-Hedgefonds aus einer Schieflage von mehreren Milliarden US-Dollar gerettet hat. Wäre dieser Konkurs gegangen, hätte dies eine Kettenreaktion ungeheuren Ausmaßes ausgelöst. Man darf annehmen, dass die damaligen Retter ein

»Krisenmanagement« miteinander abgesprochen haben, das etwa so aussehen könnte: Sobald sich die Finanzmärkte von der Baisse im Herbst 1998 wieder erholt haben und damit die aktute Gefahr eines Finanzcrashs nicht mehr droht, hebt Alan Greenspan die Zinsen an und redet die Kurse herunter, wenn sie erneut überzuschäumen drohen. Er senkt die Zinsen und stützt die Börsen mit guten Worten, wenn Gefahr droht. Die Finanzhäuser beginnen bei zu hohen Kursen gleichfalls mit Verkäufen, greifen aber ebenfalls helfend ein, wenn sich Panikstimmung auszubreiten droht.

Gegen die geballte Macht der US-Zentralbank und der weltgrößten Finanzinstitute würde sich, so hoffte man, kein Aktienmarkt auf die Dauer nach seinen eigenen Regeln entwickeln können. Damit wollte Alan Greenspan die US-Aktien wenigstens für einige Jahre auf dem Niveau von 1999 halten, um deren Überbewertung mithilfe der gewonnenen Zeit etwas abzumildern. Die verbündeten Finanzhäuser hingegen hatten den Vorteil, immer als Erste in die richtige Richtung an den Terminmärkten handeln zu können.

Um solche Absprachen zu erkennen, brauchte man kein Insiderwissen. Man musste nur ein wenig zwischen den Zeilen in Greenspans Reden lesen, und man musste die Märkte beobachten, um zu erkennen, dass sie nicht mehr ganz frei sind, sondern »geschoben« werden.

Unter der Überschrift »Warum die plötzliche Börsenschwäche?« behauptete der *Effecten-Spiegel* in seiner Ausgabe Nr. 51 vom 10. Dezember 1998, die US-Investmentbank Goldman Sachs habe am Terminmarkt 5 000 DAX-Futures im Börsenwert von 2,6 Milliarden Mark verkauft und damit einen Rückgang des DAX von rund 10 Prozent verursacht, wie in Diagramm 23 zu sehen ist. Eben noch hatte sich der DAX von Anfang Oktober (Tiefstand bei rund 3 850 Punkten) bis Ende November 1998

Abgesprochene Hausse und Baisse? 137

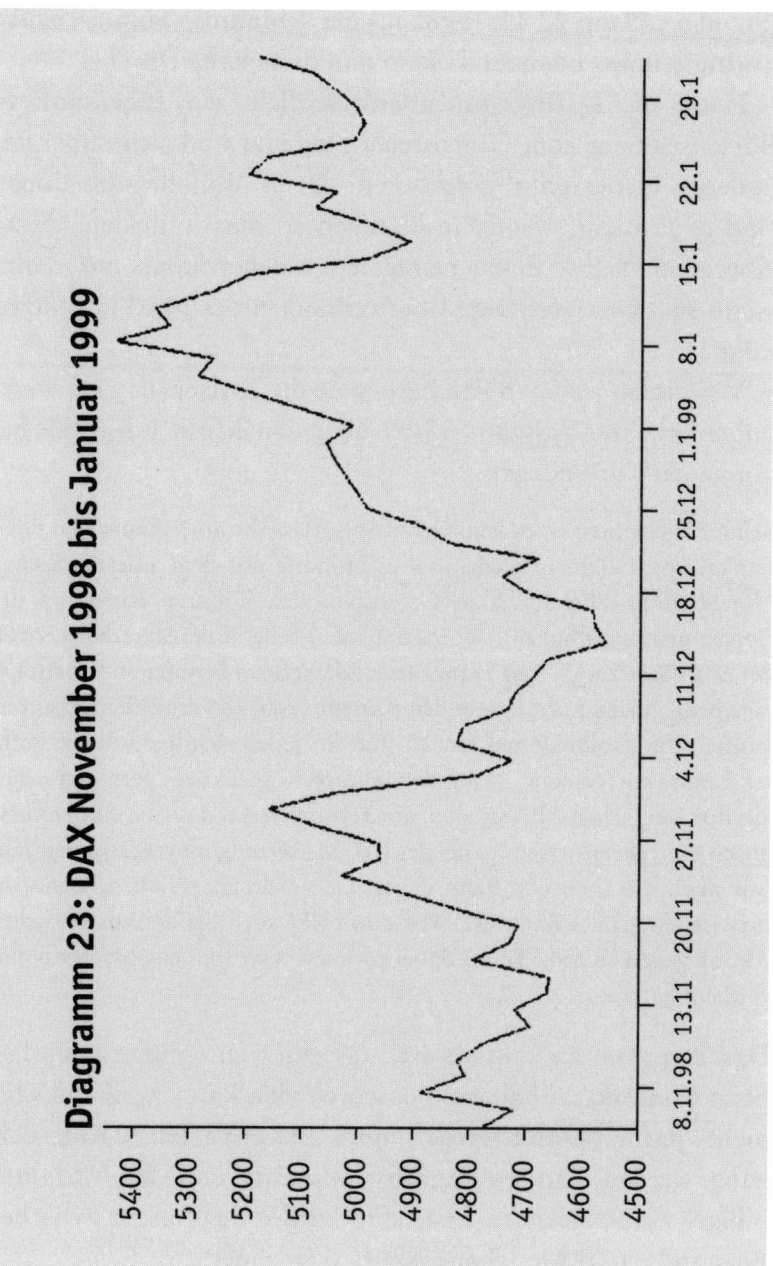

Diagramm 23: DAX November 1998 bis Januar 1999

(Stand 5 159 am 27.11.1998) aus der schlimmen Sommerbaisse kräftig erholen können; da kam nun diese kalte Dusche!

Hatte die US-Investmentbank schlicht ein »überkauftes« Börsensegment zum Gegensteuern genutzt und sich dabei mit anderen Instituten abgesprochen? Denn Willkürmaßnahmen sind es ja nicht, wenn Großbanken so massiv in den Markt eingreifen. Selbst ihnen gelingt ein solcher Coup nur dann, wenn sie dabei vorherige Übertreibungen des Marktes nutzen können.

Von einem weiteren Fall berichtete die Zeitschrift *Das Wertpapier* in ihrer Ausgabe 18/99 über den Mitte Juli 1999 begonnenen Kursrückgang:

»Unter Fachleuten ist es kein Geheimnis, dass die amerikanischen Edelbanker von Goldman Sachs in Abstimmung mit dem amerikanischen Notenbankpräsidenten Alan Greenspan den jüngsten Kurssturz der Börsen inszeniert haben. Der Staatsbanker scheint die Streetbanker von der Wall Street und vom Frankfurter Messeturm benutzt zu haben, um eine bedrohliche Luftblase in den Aktienkursen zu vermeiden. Also verkauften die ›Goldmänner‹ am 20. Juli für jeden sichtbar so viele Futures-Kontrakte (gemeint ist mit dem Future-Kontrakt ein Termingeschäft auf den Deutschen Aktienindex) am Terminmarkt, dass die Aktienkurse gleich hinterherstürzten ... Bei der LTCM-Rettung im vergangenen Jahr war auch die Deutsche Bank dabei. Es würde überraschen, wenn die inzwischen größte Bank der Welt nun nicht auch bei der vorsorglichen Aktion gegen zu hohe Kurse dabei gewesen wäre und entsprechend mitverdient hätte.«

Das Bequeme an Futures ist, dass hier eine außerordentlich hohe Kontraktzahl abgeschlossen werden kann, weil zunächst nichts dafür bezahlt werden muss. Bei erwartetem Kursrückgang werden Futures zunächst verkauft und am Verfalltag billiger zurückgekauft. Erst dann wird die Differenz zwischen Einstands- und Abrechnungskurs verrechnet.

Die Meldung von *Das Wertpapier* wurde meines Wissens ebenso wenig wie die des *Effecten-Spiegels* vom 10. Dezember 1998 dementiert. Auffallend ist auch, wie das US-Investmenthaus Merrill Lynch am 22. Juli 1999 noch eine Kaufempfehlung für deutsche Automobilaktien geben konnte – während an den Terminbörsen schon die massenhaften Verkäufe liefen. Wenn dies Taktik und Absprache war, dann würde es bedeuten, dass die Kleinanleger bewusst zusätzlich hereingelegt wurden, und es wäre ein Riesenskandal. Gerade an den deutschen Automobilaktien ging nämlich die Hausse ab Oktober 1999 völlig vorbei. Handfeste Beweise für eine gezielte Irreführung lassen sich freilich nicht liefern.

Auch die plötzliche kräftige Hausse von Technologie-, Elektronik- und Telekommunikationswerten von Oktober 1999 bis März 2000 vor allem in Europa (Diagramm 24) wäre eine Untersuchung wert. Diese Hausse ist in der Börsengeschichte fast einzigartig, weil sie sich über mehrere eiserne Börsengesetze hinwegsetzte:

- Eine Aktienhausse kann nur bei sinkenden Zinsen zustande kommen.
- Eine Aktienhausse hat in Europa nur eine Chance, wenn auch der amerikanische Dow-Jones-Index mitzieht.
- Eine Aktienhausse läuft auf breiter Front und wirkt sich auf die meisten Branchen aus.

All dies war nicht der Fall. Grund genug, um zu vermuten, dass der erste Schub in der zweiten Oktoberhälfte nicht zufällig zustande kam, sondern von Großinvestoren ausgelöst wurde, die sich abgesprochen hatten. Gründe für solche Absprachen gab es genug. Europa war in den vorhergehenden Jahren in der Kursentwicklung gegenüber dem Dow-Jones-Index weit zurückgeblieben. US-Investoren befanden sich in einem An-

140 Die gefährlichsten Börsenfallen

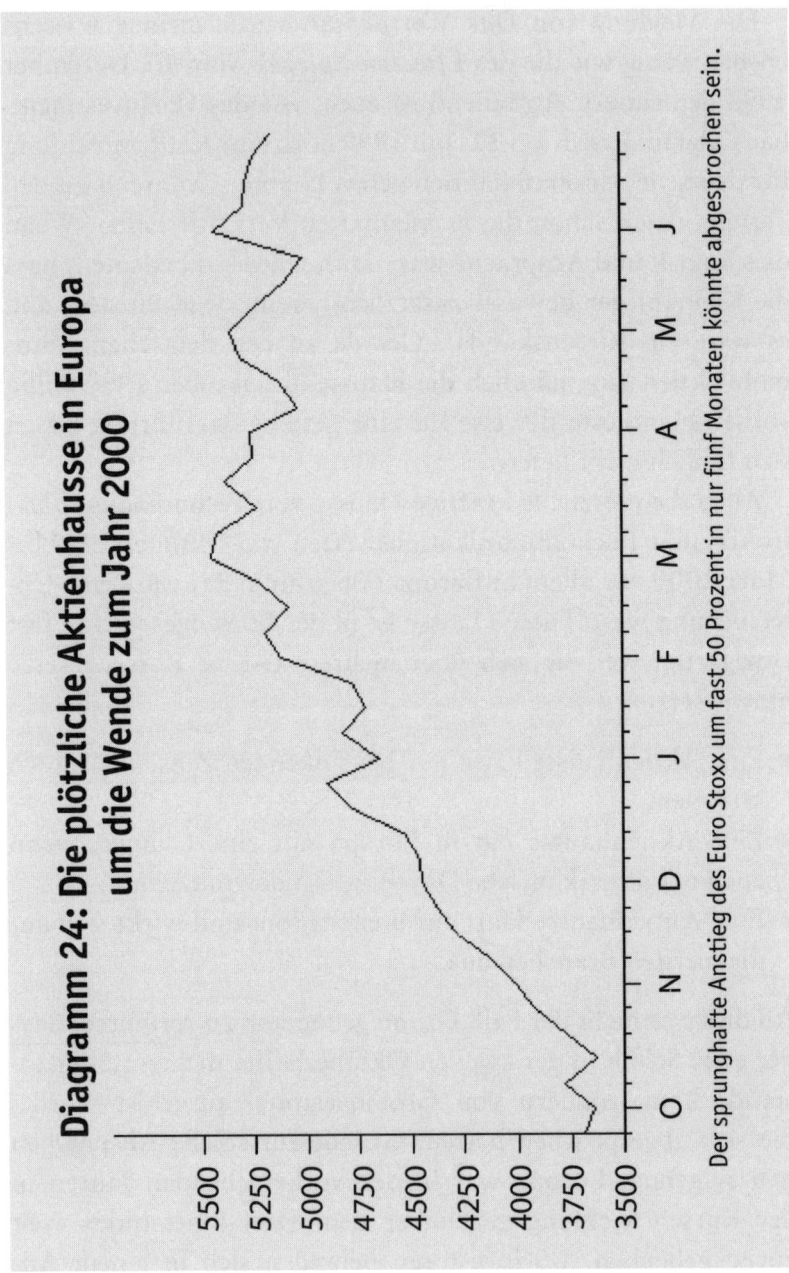

Diagramm 24: Die plötzliche Aktienhausse in Europa um die Wende zum Jahr 2000

Der sprunghafte Anstieg des Euro Stoxx um fast 50 Prozent in nur fünf Monaten könnte abgesprochen sein.

lagenotstand: Sie wollten und konnten wegen der ausgereizten US-Standardaktien nicht mehr so viel an der Wall Street investieren, während es in Europa noch genügend Kursspielraum nach oben gab.

Außerdem hatten sich Mitte Oktober in Europa zahlreiche Anleger Puts (Verkaufsoptionen) zugelegt, die von der Citibank, einer Tochtergesellschaft der Citigroup, und anderen Investmentbanken ausgegeben worden waren. Jetzt konnte man den auf eine Baisse spekulierenden Put-Inhabern einen Streich spielen, wenn man die DAX- und Euro-Stoxx-Kurse überraschend hochzog. Die Gelegenheit war günstig, da Mitte Oktober 1999 niemand mit einer Hausse rechnete. Zahlreiche Fondsmanager waren angesichts der Unsicherheit wegen der Computerumstellung zum Jahr 2000 vorläufig in Deckung gegangen. Wem es also gelang, als Erster vorzupreschen, den europäischen Markt nach oben zu ziehen und die anderen Marktteilnehmer unter Handlungsdruck zu setzen, der hatte gewonnen.

Als dann die Charts immer besser aussahen und auch der Dollarkurs in der Folge der Aktienkurssteigerungen anzog, wurden viele Fondsmanager nervös. Die Mehrheit von ihnen war von einer Hausse erst ab Ende Dezember ausgegangen und musste nun befürchten, viel schlechter als der Durchschnitt abzuschneiden, wenn sie nicht noch schnell mit auf den fahrenden Zug sprangen. Die Investmentbanken hatten ihr Ziel erreicht.

Beweise für diesbezügliche Absprachen gibt es jedoch nicht, es sei denn, es würde einer der Beteiligten sein Wissen preisgeben.

Schließlich sei noch daran erinnert, wie in den Jahren 2002 und 2003 deutsche Aktien massiv unter Druck gesetzt wurden. Zunächst wurden die Kurse durch Leerverkäufe von US-Hedgefonds nach unten geschleust; anschließend, im März

2003, brachten US-Investmenthäuser die »kriegsunwilligen« Deutschen und Franzosen durch Herabstufung der Bonität ihrer Unternehmen derart in Bedrängnis, dass die am Aktienmarkt damals noch stark investierten deutschen Versicherungsunternehmen wie Allianz die Notbremse ziehen und massiv Aktien zu Tiefstkursen verkaufen mussten. Der DAX wurde dadurch auf rund 2200 Punkte hinuntergezogen – eine in der Börsengeschichte fast beispiellose Unterbewertung der Aktien einer ganzen Region. Die Allianz-Aktie, im Jahr 2000 noch zu 400 Euro gehandelt, war im März 2003 für ein Zehntel dieses Preises zu haben.

Wer allerdings damals darauf vertraute, dass dieses Niveau eine Jahrhundertchance zum Einstieg bot, der gehörte drei Jahre später zu den großen Gewinnern.

Falle 24
Neuemissionen

Unerfahrene Kleinanleger sind oft der Meinung, Kursverdoppelungen und -verdreifachungen seien nach Neuemissionen normal. Sie zeichnen daher zum Teil »blind«, ohne eine Ahnung davon zu haben, auf welchen Geschäftsfeldern das geordnete Unternehmen tätig ist und wie erfolgreich es damit ist.

Oft genug schien diese Einstellung auch richtig zu sein. Bei den großen Emissionen der Jahre 1999 und 2000 von Epcos (1999), Infineon (2000) und T-Online (2000) ging es in der Tat nur darum, wer von den Zeichnern auch tatsächlich die begehrten Stücke erhielt. Da man wusste, dass die Großbanken in den ersten Wochen die Kurse der neuen Aktien stützen würden, war die Zeichnung praktisch risikolos. Das Empörende an diesen Börsengängen war nur, dass sich »Bosse die Taschen voll stopften«, wie es die *Bildzeitung* drastisch formulierte. Das *manager magazin* berichtete, dass sich der Infineon-Vorstand bei seinem Börsengang 250 000 Aktien zum Ausgabepreis von 35 Euro garantieren ließ, mithin zu einem Spottpreis im Vergleich mit dem späteren Kurs.

Nach den Kursstürzen in den Jahren 2001 und 2002 war die Zeit der Neuemissionen zunächst vorbei. Keine Firma hatte ein Interesse daran, ihre Aktien unter ihrem inneren Wert zu verschleudern. Brauchte man Geld, dann nahm man lieber eine

Anleihe auf. Das lag angesichts der niedrigen Zinsen dieser Jahre denkbar nahe.

Ab 2005, nachdem sich die Kurse der DAX-Werte verdoppelt hatten, nahm die Zahl der Neuemissionen wieder kräftig zu. Vor allem einige Neuemissionen des Jahres 2006, wie die des Stahlhändlers Klöckner & Co, der Air Berlin und der Baufirma Bauer, entwickelten sich sehr günstig.

Aber nicht bei allen Neuemissionen können die Erstzeichner automatische Kursgewinne erwarten. In so schwierigen Börsenzeiten wie jenen ab April 2000 und dann im Jahr 2001 waren mehr als die Hälfte der Unternehmen in den Wochen nach ihrem Börsenstart weitaus günstiger zu haben als zuvor zum Emissionskurs. Unter dem Eindruck von Kursfeuerwerken zeichnet so mancher Fan von Emissionen alles, was auch immer neu erscheint. Dies verlockt auch clevere Geschäftsleute dazu, wenig aussichtsreiche Firmen schnell an die Börse zu bringen, um möglichst bald nach Eintreffen des Geldsegens die eigenen Bestände zu fantastisch gestiegenen Kursen zu verkaufen. Das gilt häufig auch für Familienunternehmen, bei denen die Erben endlich einmal richtig Kasse machen wollen.

Schlimm wird es, wenn die Altaktionäre, das heißt diejenigen, die das Unternehmen vor seinem Gang an die Börse besitzen, nichts Eiligeres zu tun haben, als ihre Bestände nach dem Going public schleunigst zu verkaufen. Dabei haben ja die neuen Aktionäre ihr Geld im Vertrauen darauf hergegeben, dass das Unternehmen dringend Mittel für Neuinvestitionen benötigt, um sich einen zukunftsträchtigen Markt zu schaffen. Wenn dann die bisherigen Firmeninhaber durch schnelle Aktienverkäufe zeigen, dass sie eigentlich selbst nicht an diese Zukunft glauben, fühlen sich die Käufer mit Recht betrogen. Allerdings ist der Nachweis, dass vor der gesetzlichen Sperrfrist von sechs Monaten verkauft wurde, nicht leicht zu führen, denn die Kontrollmöglichkeiten reichen nicht sehr weit.

Viel diskutiert wurde zu Zeiten des Neuen Marktes der Fall Artnet.com (Wertpapier-Kennnummer 690950), einer Internet-Kunsthändlergesellschaft. Bei den Worten »com« oder »Internet« bekamen damals viele Kleinaktionäre ohnehin schon leuchtende Augen. Der Gang an den Neuen Markt hat das Unternehmen nicht nur finanziell gerettet, sondern auch die bisherigen Besitzer so reich gemacht, dass einige von ihnen, so vermutete die Deutsche Schutzvereinigung für Wertpapierbesitz, in Versuchung kamen, schnellstmöglich ihre Aktien an der Börse zu verkaufen.

Kaum war die Firma an die Börse gebracht (Diagramm 25), halbierte sich der Kurs durch massive Verkäufe. »Da will mich jemand fertigmachen«, sagte Kunsthändler Hans Neuendorf dem *Spiegel* (16. August 1999). Das Nachrichtenmagazin war eher anderer Meinung: »Wahrscheinlicher ist, dass die Anleger sich Artnet etwas genauer angeschaut haben ... Ganze 918 000 Dollar Umsatz machte die Firma im vergangenen Jahr, der Verlust war dreimal so hoch. Das Unternehmen stand kurz vor der Pleite.«

Börse Online berichtete in seiner Ausgabe Nr. 31/1999, dass Altaktionäre des Kunsthauses Artnet.com sich schon vor Ablauf der Sechsmonatsfrist von ihren Aktien getrennt hatten. Dies war eigentlich kein Wunder, denn schon der Emissionspreis der Aktie von rund 50 Euro war viel zu hoch. Schon im Januar 1999 hatte ein Wirtschaftsprüfer gezweifelt, ob die Gesellschaft ihren Geschäftsbetrieb aufgrund der Verluste und negativen Zahlungssalden fortsetzen könne. Bei einer Überprüfung fand die Deutsche Börse AG keine Hinweise auf eine Verletzung der Sperrfrist von sechs Monaten durch die Altaktionäre. Aber solche Verkäufe sind nur schwer zu kontrollieren.

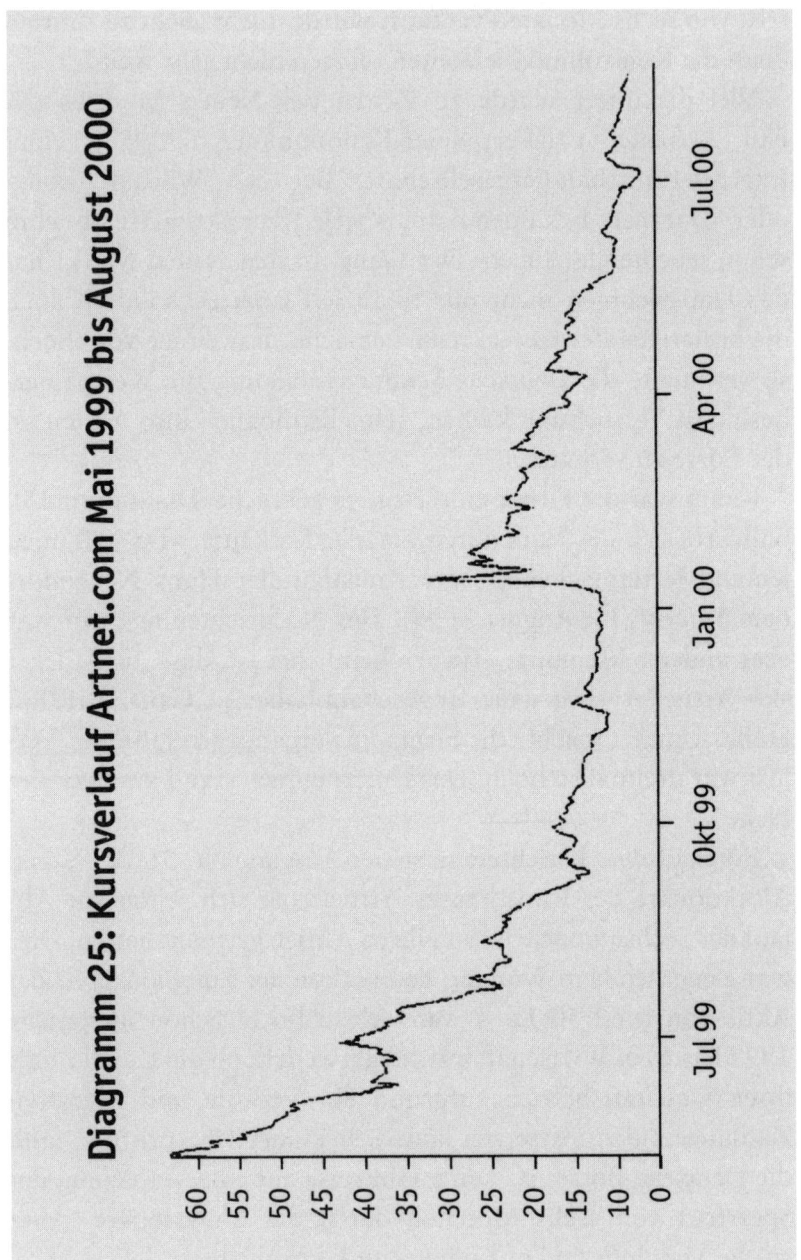

Diagramm 25: Kursverlauf Artnet.com Mai 1999 bis August 2000

Ein eiliger Verkauf von Aktien durch Altaktionäre ist das Schlechteste, was dem Kurs einer Aktie passieren kann. Denn wenn schon diejenigen, die die Firma kennen, jede Kurssteigerung zum Ausstieg nutzen, so kann es mit der Substanz der Firma nicht sehr weit her sein. Allerdings, so möchte man in solchen Fällen fragen, wieso reißen sich dann Kleinaktionäre um solche Aktien?

Fakt ist, dass in Zeiten, in denen sich Neuemissionen häufen, die Aktienhausse ihren Höhepunkt erreicht hat. Die Emittenten sind bestrebt, zu hohen Kursen verkaufen, sie haben nicht etwa die Absicht, neuen Anlegern Geschenke zu machen. Emissionen sind im Grunde – und das wird oft vergessen – immer *Verkäufe* in großem Stil.

Dass man selbst bei den Emissionen angesehener Großbanken vor Überraschungen nicht sicher ist, lehrt insbesondere der Fall Ixos. Der deutsche Softwareanbieter, seit Oktober 1998 am Neuen Markt, kündigte am 31. März 2000 deutlichere Verluste an als erwartet. Dies fiel ausgerechnet in eine Zeit, in der die Marktteilnehmer ohnehin schon sehr nervös waren. Der folgende Kurssturz (Diagramm 26) demonstrierte das, was anderen Teilnehmern des Neuen Marktes im Laufe des Jahres 2000 noch bevorstand.

Aber das eigentlich Interessante am Fall Ixos ist die Frage, wer denn eigentlich so massiv verkauft hat. Die euphorischen Kleinanleger und die Fonds waren es nicht. Meist dürften es Investmentbanken, Insider und Beteiligungsgesellschaften gewesen sein, die an der Nasdaq und im Neuen Markt Kasse gemacht haben. Die *Süddeutsche Zeitung* vom 6. April 2000 dokumentierte dazu interessante Details.

Ixos wurde noch am 3. März 2000 bei einem Kurs von 76 Euro vom Bankhaus Julius Bär als »dramatisch unterbewertet« bezeichnet, und als Kursziel wurden 118 Euro angegeben. Da-

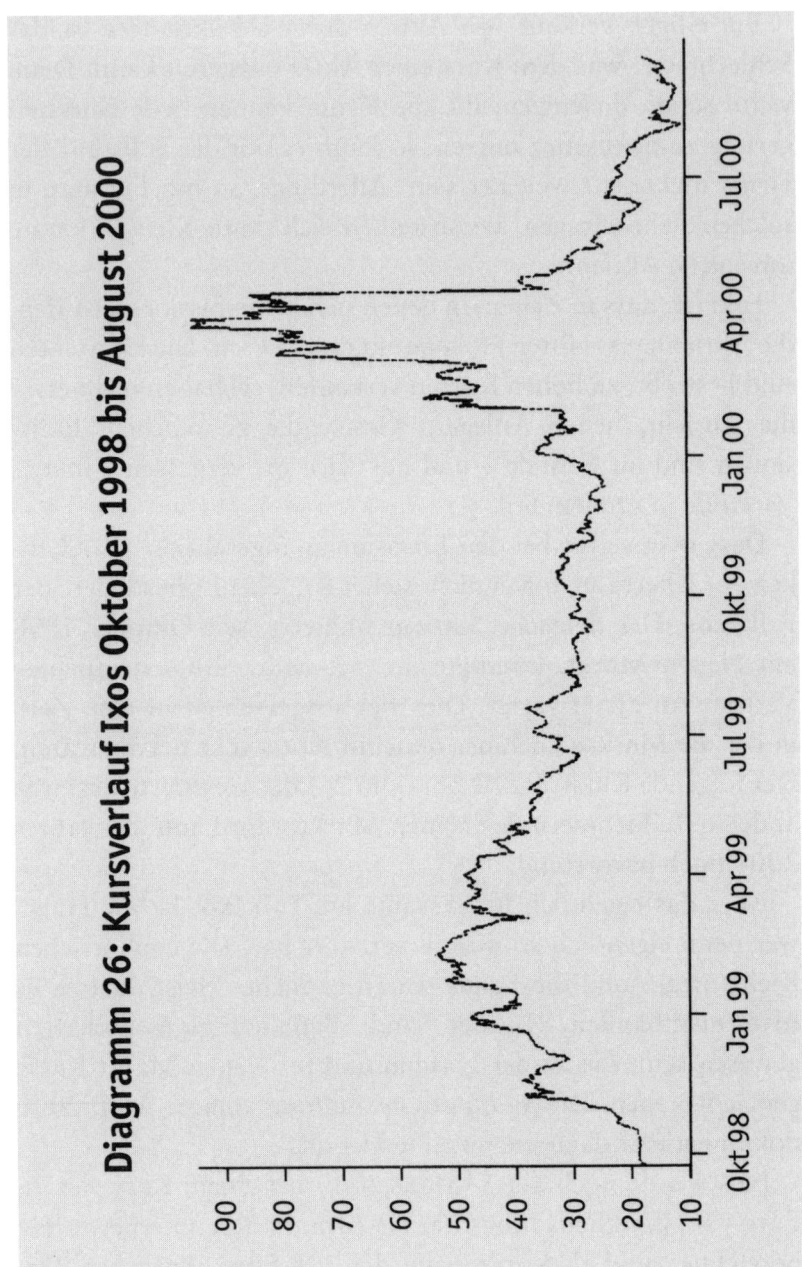

Diagramm 26: Kursverlauf Ixos Oktober 1998 bis August 2000

rüber freuten sich die Altaktionäre, die das Unternehmen besser kannten. Sie haben zwischen dem 13. und 17. März 2000 noch zu hohen Kursen verkaufen können. Die Deutsche Bank hatte Ixos am 18. Februar 2000 zu einem Kurs von rund 70 Euro empfohlen. Die Investmentbank Goldman Sachs, die noch am 26. Januar 2000 Ixos empfohlen hatte, stieß nicht einmal zwei Monate später, am 10. März, 600 000 Aktien ab. Von den Verlusten, die am 31. März bekannt gegeben wurden, wussten die Investmentbanken freilich nichts, sagten sie. Trotzdem sei Ixos immer noch empfehlenswert, meinten sie. Das alles muss man ihnen ja wohl glauben, oder?

Glücklicherweise wurden inzwischen einige Regeln verschärft, der Neue Markt außerdem abgeschafft. Ob allerdings Geldbußen von höchstens 10 000 Euro bei Verstößen abschreckend genug sind, ist noch die Frage.

Schützen kann sich der Anleger im Grunde nur dadurch, dass er sich selbst sachkundig macht, die Emissionsprospekte auch zwischen den Zeilen liest und sich vor Gefälligkeitsanalysen durch Börsenbriefe und selbst ernannte Börsengurus hütet. Solche Analysen werden in Deutschland oft als Marketinginstrumente eingesetzt, obwohl sie gar nicht der Prospekthaftung unterliegen. In Großbritannien beispielsweise dürfen bei einer Neuemission solche Einschätzungen von Analysten erst nach der ersten Notiz der Aktie veröffentlicht werden.

Falle 25
Insidervergehen und Frontrunning

Was ist ein Insider? Das ist eine Person, die mehr über ein Unternehmen weiß als gewöhnliche Sterbliche, entweder weil sie an führender Stelle mitarbeitet oder im Aufsichtsrat sitzt und dadurch von Tatsachen erfährt, die der Öffentlichkeit noch nicht bekannt sind.

Insidergeschäfte sind verboten, wenn sie kurz vor dem Eintritt von Ereignissen stattfinden, die den Kurs beeinflussen könnten und über die der Insider schon vor seinem Börsengeschäft informiert war. In jedem Fall bestimmt eine Vorschrift, dass Insider und ihre Angehörigen ihre Käufe und Verkäufe offenlegen müssen.

Wie unfair Insider ihr Wissen nutzen, wurde im Jahr 2006 nach der Aufdeckung eines kompletten Insiderrings an der Wall Street besonders deutlich. Mitchel Guttenberg, Direktor der Research-Abteilung der schweizerischen UBS, besaß regelmäßig Informationen darüber, wann die Analysten der Bank bestimmte Aktien hoch- oder herabstufen wollten. Da es zu auffällig gewesen wäre, wenn er selbst sein Wissen an der Börse vermarktet hätte, beauftragte er einen Freund, den Hedgefonds-Manager Erik Franklin, eine Aktie vor ihrer Hochstufung billig zu kaufen und anschließend, das heißt nach Veröffentlichung der Nachricht, mit Gewinn abzustoßen. Umgekehrt sollten Aktien vor ihrer Herabstufung am

Terminmarkt verkauft und später billiger zurückerworben werden. Franklin verdiente auf diese Weise in fünf Jahren rund 5 Millionen US-Dollar. Über andere Kanäle bekam er auch Informationen über bevorstehende Firmenübernahmen aus dem Haus Morgan Stanley. Da die Kurse der Übernahmekandidaten – wie dies die Regel ist – unmittelbar nach Bekanntgabe der Transaktion kräftig anstiegen, verdiente er dadurch gemeinsam mit einigen Kollegen kräftig mit.

Im Fall Franklin waren die Insidergeschäfte nicht geschickt genug getarnt, sodass die US-Börsenaufsicht SEC davon Wind bekam. Aber man kann wohl davon ausgehen, dass 90 Prozent solcher Vergehen nicht entdeckt werden.

Wie kann sich der Privatanleger gegen solche Benachteiligungen schützen? Im Grunde genommen überhaupt nicht! Ihm bleibt nur die Möglichkeit, den Aktienmarkt genau zu beobachten und anhand der Stärke oder Schwäche einer Aktie im Vergleich mit anderen Papieren festzustellen, ob da »etwas los sein« könnte.

Nun dürfen auch Insider natürlich Geschäfte machen, wenn sie sie vorher anmelden und dabei keine Informationen nutzen, die der Allgemeinheit noch nicht bekannt sind. Ist es für den Privatanleger lohnend, seine Kaufentscheidungen an veröffentlichte Insidergeschäfte zu koppeln?

Olaf Stotz vom Forschungsinstitut für Asset Management der Universität Aachen berechnete ein Jahr nach Einführung der Offenlegungsvorschrift in Deutschland, dass ein Insidergeschäft nach fünf Wochen durchschnittlich eine um 3 Prozentpunkte höhere Rendite abwarf als eine Investition in den Marktindex (DAX). Die Überrendite von 3 Prozent gelte sowohl bei Käufen als auch bei Verkäufen, befand er.

Findige Geldinstitute haben bereits versucht, sich dies zunutze zu machen, und bieten Anlegern so genannte Insiderzertifikate an. Man versucht, die Insiderkäufe und -verkäufe monatlich in einem Zertifikat nachzuvollziehen. Dazu werden beispielsweise ab dem 15. eines jeden Monats für maximal drei Handelstage diejenigen drei DAX-Titel gekauft, welche in den drei Monaten bis zu diesem Zeitpunkt am stärksten von Insidern gekauft worden sind. Dafür scheiden drei andere Titel aus.

Ich rate von solchen Zertifikaten ab. Zunächst stören die hohen Kosten in Form von Verwaltungsgebühren, zu denen in manchen Fällen auch noch eine Performance-Prämie von bis zu 10 Prozent hinzutritt. Außerdem lässt sich mithilfe der Relativen Stärke das Verhalten von Insidern schneller – und vor allem kostenlos – ermitteln. Liegt eine Aktie in den vergangenen 15 Monaten deutlich besser als der Aktienindex, so deutet dies darauf hin, dass es anscheinend Leute gibt, die mehr wissen. Daran kann sich ein Anleger verlässlich orientieren. Deshalb ist auch die Relative Stärke einer Aktie neben dem Kurs-Umsatz-Verhältnis mein wichtigstes Auswahlkriterium.

Abgesehen von den hohen Kosten, haben Insiderzertifikate auch den Nachteil, dass es Insider gibt, die die Börse in eine falsche Richtung locken wollen. Ein bekanntes Beispiel dazu lieferte im Februar 2001 Percy Barnevik, damaliger Chef von ABB. Der schweizerische Elektronikkonzern, heute wieder ein angesehenes Unternehmen und längst wieder in der Gewinnzone, war damals fast am Ende. Obwohl es in jener Zeit noch keine Meldepflicht gab, erklärte Barnevik öffentlich, er werde für 4 Millionen Schweizer Franken ABB-Aktien kaufen. Doch das war nur ein Verwirrspiel. Als nach seiner Entlassung seine riesigen Gehälter bekannt wurden, war klar, wie gering die Investition von 4 Millionen Schweizer Franken war.

Übrigens ist die Meldepflicht umgehbar. Wenn beispielsweise ein Insider nicht für sich selbst, sondern für eine Stiftung handelt, muss er dies nicht melden, denn offiziell ist eine Stiftung unabhängig. Auch über Freunde und Deckadressen könnten Insidergeschäfte nach wie vor geheim abgewickelt werden. Es ist zu befürchten, dass gerade die aufschlussreichsten Transaktionen dem Blick der Öffentlichkeit entzogen werden. Jedenfalls ist für eine aussagekräftige Analyse des Insiderverhaltens ein beträchtliches Maß an Zeit erforderlich.

Insidergeschäfte können sich noch in anderer Hinsicht als Falle erweisen. Naive Anleger könnten ohne Weiteres annehmen, dass die Kurse allgemein steigen, wenn mehr Topmanager kaufen als verkaufen und umgekehrt. Doch das kann ein fataler Irrtum sein. Im Jahr 2003, als der DAX traumhaft niedrig war, wagten sich auch kaum Topmanager mit Käufen an die Börse. Im Gegenteil: Sie misstrauten der Konjunktur und verkauften in Massen. Obwohl die Konjunktur der allerschlechteste Frühindikator für Aktien ist, scheint es gerade sie zu sein, die das Kaufverhalten von Unternehmenslenkern an der Börse beeinflusst.

Fazit: Was Insider tun, sollte kein Grund für groß dimensionierte Anlageentscheidungen sein.

Eine ganz andere Art von Insidergeschäften liegt vor, wenn man Kenntnis von positiven Empfehlungen in den Medien hat. Ist es erlaubt und fair, Aktien zu kaufen und sie anschließend einem großen Publikum zu empfehlen? Ein Jahr lang, von August 1997 bis Juli 1998, gab der Börsenbriefherausgeber Egbert Prior in der *3sat-Börse* Aktientipps. Später musste er sich rechtfertigen, weil er Aktien von Mobilcom und SCM gekauft und anschließend in den Sendungen der *3sat-Börse* empfohlen hatte. Ein Insidergeschäft?

Prior verteidigte sich damit, dass das Wissen, das er über die im Neuen Markt gehandelten Unternehmen Mobilcom (Diagramm 27) und SCM besaß, den meisten Marktteilnehmern

154 Die gefährlichsten Börsenfallen

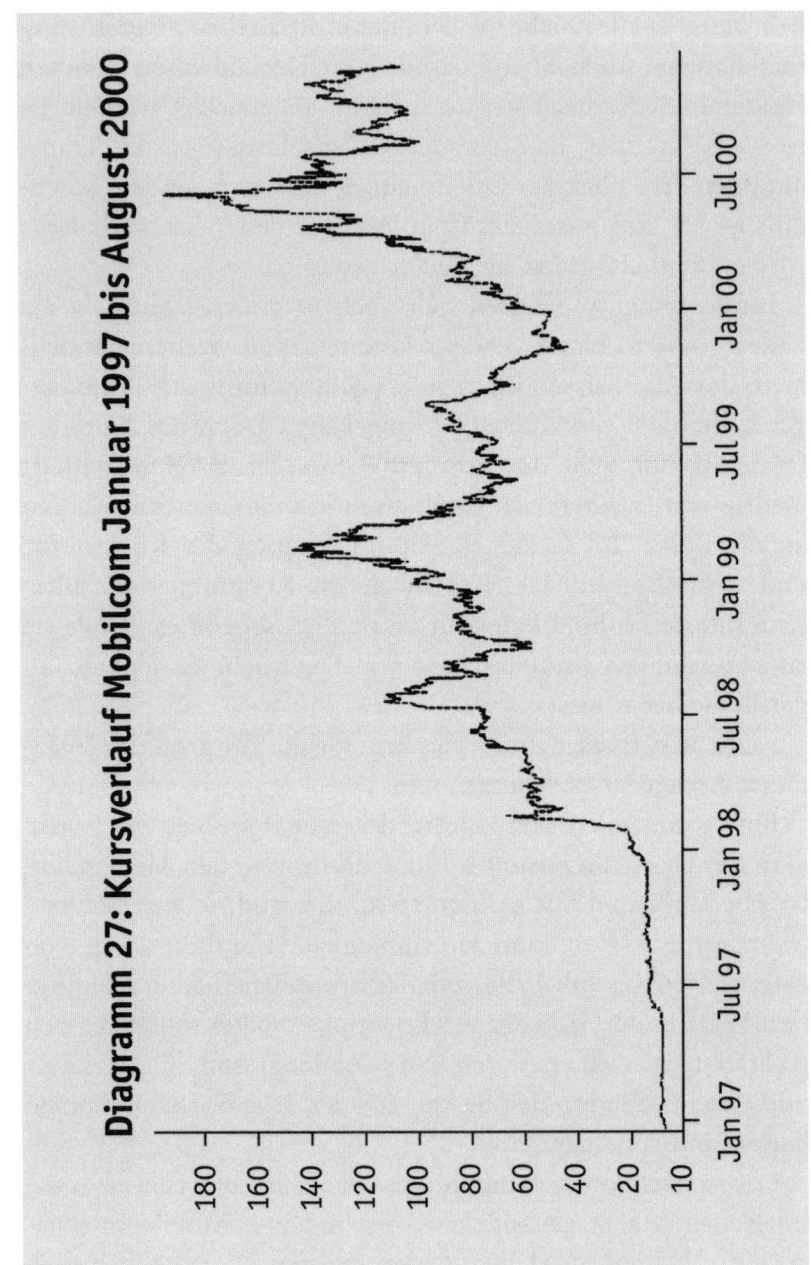

Diagramm 27: Kursverlauf Mobilcom Januar 1997 bis August 2000

bereits zugänglich gewesen sei, bevor er seine Kaufempfehlungen ausgesprochen hatte. Und er betonte, dass er auch schon vor seinen eigenen Käufen die Aktien von Mobilcom und SCM als zukunftsträchtig vorgestellt habe. Viel Neues habe er nicht hinzufügen können, als er an einem Freitagabend in der *3sat-Börse* diese Werte empfahl.

Wenn er also am Freitagnachmittag zusammen mit seinen Freunden kräftig gekauft hatte und am darauffolgenden Montag von der Kursexplosion profitierte, die seine eigenen Empfehlungen bei unbedarften Kleinanlegern auslösten, so war das ein raffinierter Trick. Aber waren es verbotene Insidergeschäfte? Hätten nicht die Fernsehzuschauer, die zu deutlich erhöhten Preisen einstiegen, sich darüber im Klaren sein müssen, dass es sich um »enge Märkte« handelte und dass ein Millionenpublikum die Fernsehsendung verfolgt hatte? Hätte nicht der Sender 3sat wissen müssen, welche Manipulationen mithilfe eines Millionenpublikums möglich waren?

Strafrechtlich kann man hier vermutlich nicht eingreifen. Kursbetrug ist nur gegeben, wenn eine Person mit Mitteln auf den Börsenpreis einwirkt, die auf Täuschung ausgelegt sind. Eine verbotene Ausnutzung von Insiderwissen läge allenfalls vor, wenn Prior bereits zum Zeitpunkt des Kaufs der Aktien geplant hätte, deren Kurs durch Empfehlungen in die Höhe zu treiben. Beide Tatbestände wurden in der Anklage gegen Prior fallen gelassen, da entsprechende Nachweise sehr schwer zu führen sind.

Das Verfahren, das Egbert Prior wählte, nennt man Frontrunning, also Vorpreschen mit eigenen Käufen, ehe der erwartete Kaufrausch der Meute einsetzt. Viele Aktionäre sind der Meinung, es komme lediglich darauf an, immer möglichst unter den Ersten zu sein, wenn im Fernsehen neue Empfehlungen ausgesprochen wurden. Dann sei der Erfolg schon garantiert. Das *Handelsblatt* berichtete in seiner Ausgabe vom 16. Dezember 1999, dass nach Auskunft der Direkt-Anlage-Bank die Nachfrage immer dann regelrecht explodiert, wenn in n-tv die *Telebörse* läuft. Kaum gäben dort irgendwelche Experten einen Aktientipp ab, gehe die Zahl der Kaufaufträge sprunghaft in die Höhe. Dieses Muster hat sich nach den schlechten Erfahrungen in den Jahren 2000/2001 zwar etwas abgeschwächt, aber Auswirkungen von fernsehöffentlichen Empfehlungen beeinflussen die Börse vor allem in engen Märkten weiterhin nachhaltig.

Eine andere Frage ist, ob Egbert Priors Verhalten fair war. Prior wusste, dass er über enge Märkte redete und dass er es in der Hand hatte, die Kurse in die Höhe zu treiben. Da die Mechanismen des Frontrunning allseits bekannt sind, sollten Journalisten und Fernsehanstalten jeden Anschein vermeiden, sie wollten sich selbst oder Freunden und Verwandten durch ihre Berichterstattung Vorteile verschaffen. Das *Handelsblatt* hat beispielsweise allen Mitarbeitern strengste Regeln verordnet. Wer dort von Exklusivinformationen über ein Unternehmen erfährt, die demnächst publiziert werden, darf die betreffenden Aktien frühestens drei Tage nach Erscheinen des Artikels kaufen oder verkaufen. Wer als Spezialist für die Berichterstattung über bestimmte Branchen tätig ist, darf überhaupt keine Aktien aus diesen Branchen halten.

Derartige Fairnessregeln sind offenbar nicht für die gesamte Presselandschaft selbstverständlich, zum Beispiel nicht für das Nachrichtenmagazin *Focus*. Chefredakteur Helmut Markwort notierte am 18. November 1996 ganz unbefangen und eher bewundernd als kritisch in seinem Tagebuch: »Nachdem wir das Titelthema über Aktien diskutiert haben, werden mehrere Teilnehmer der Redaktionskonferenz beobachtet, wie sie eilig ihre Bank anrufen.«

Falle 26
Falschmeldungen im Internet

Seit die Zahl der an Aktien interessierten und im Internet aktiven Menschen sprunghaft gestiegen ist, häuften sich offenbar auch Gerüchte und Falschmeldungen. In einigen Fällen ist das Gerücht beziehungsweise die Falschmeldung ein Versehen, aber sehr oft kann durchaus Absicht dahinter vermutet werden.

Immer wieder fallen Anleger auf verführerische Meldungen herein, obwohl sie sich eigentlich sagen müssten: »Bis ein solches Gerücht, wenn es denn den Tatsachen entspricht, der Öffentlichkeit zu Ohren kommt, haben andere schon längst für Kursübertreibungen gesorgt. Hier darf ich keinesfalls mehr einsteigen.« Aber seltsamerweise meinen viele Anleger immer wieder, sie hätten ihren Finger so dicht am Puls der Börse, dass sie stets noch rechtzeitig handeln könnten.

Aber wie kann jemand Fehlmeldungen ins Internet stellen, ohne dass man ihm auf die Schliche kommt?

Im Internet gibt es so genannte »Boards«. Das sind so etwas wie Schwarze Bretter, auf denen jeder Teilnehmer im Internet eine Notiz hinterlassen kann, auf die wiederum andere Teilnehmer antworten können. Dabei kann man durchaus anonym bleiben. Der Betreiber des Boards kann zwar rufschädigende Äußerungen oder auch Werbung verbieten, überprüft aber Nachrichten nicht auf deren Wahrheitsgehalt. Dies könnte er auch nicht leisten, da er unmöglich eine Überwachung und

Überprüfung jeder eingespielten Nachricht rund um die Uhr vornehmen kann.

Es ist daher möglich, dass im Internet plötzlich die Nachricht verbreitet wird, Firma XY habe ihre Gewinnprognose beispielsweise um 70 Prozent nach unten korrigiert. Die Folge davon wäre: Die Aktie fällt, der Urheber der Nachricht kauft billig, das Unternehmen dementiert, die Aktie steigt wieder auf den alten Stand.

Verhängnisvoll kann sich dies in einer ohnehin nervösen Börsenlage auswirken. Kursstürze können durchaus ihre Eigendynamik entfalten, wenn Aktionäre in Panik geraten, den nachfolgenden Dementis nicht geglaubt wird (was nach manchen üblen Erfahrungen mit Dementis auch kein Wunder ist) und über Verkaufsaufträge im Falle von Unterschreitung bestimmter Kurse immer weitere Verkäufe ausgelöst werden. Doch diese Mechanismen bedürfen einer gesonderten Analyse.

Was das Internet betrifft, bleibt nur zu hoffen, dass die Anleger vorsichtig genug sind, solche Meldungen aus einer einzigen Quelle nicht gleich zum Anlass für Panikreaktionen zu nehmen. Denn die Zahl der Manipulationen durch Falschmeldungen nimmt dort immer größere Ausmaße an. In den USA ist Online-Anlagebetrug mehrfach aufgedeckt worden. Die hessische Börsenaufsicht sah sich bereits veranlasst, im Internet selbst vor Manipulationen durch Hochreden oder Falschangaben zu warnen. Zwar ist nach Paragraf 88 des deutschen Börsengesetzes die Verbreitung von falschen Tatsachen mit dem Ziel der Kursbeeinflussung strafbar. Aber diese Absicht müsste erst einmal nachgewiesen werden.

Verdächtig sind solche Meldungen im Internet immer, so lange sie nicht offiziell bestätigt sind. Schließlich sind die Unternehmen verpflichtet, jede Meldung, die den Kurs beeinflussen könnte, sofort zu veröffentlichen. Die meisten Presseorgane haben ihre eigenen Internet-Seiten, auf denen solche Unternehmensnachrichten zu finden sind. Zur Kontrolle sollte man bei ihnen nachsehen, ehe man einer Falschmeldung auf den Leim geht.

Aber natürlich werden solche Falschmeldungen nicht nur über das Internet veröffentlicht. Leider beteiligen sich manchmal auch seriöse Tageszeitungen an der Entstehung falscher Meldungen. Im August 1999 schrieb die *Welt am Sonntag* unter dem Titel »Das jüngste Gerücht«, Beobachter vermuteten hinter dem plötzlichen Interesse an Escom-Aktien (das Unternehmen war 1996 in Konkurs gegangen) zwei oder drei Käufergruppen, die sich den Aktienmantel und die steuersparenden Verlustvorträge einzelner Escom-Tochtergesellschaften sichern wollten.

»Warum hat der Börsenmantel eines in Konkurs gegangenen Unternehmens überhaupt noch einen Wert?«, könnte man sich fragen. Dieser besteht darin, dass ein neues Unternehmen durch einen Aufkauf der Aktien in diesen Mantel schlüpfen und sich damit einen eigenen zeitraubenden und kostspieligen Börsengang ersparen kann. Außerdem lassen sich möglicherweise die Verlustvorträge steuerlich nutzen. Die Voraussetzung dafür ist freilich, dass die Altgläubiger an das Nachfolgeunternehmen nicht zu hohe Forderungen stellen, die die Vorteile der Unternehmensübernahme wieder zunichte machen.

Jedenfalls weckte die Meldung der *Welt am Sonntag* entsprechende Hoffnungen auf Interessenskäufe. Danach wechselten 24,1 Millionen Escom-Aktien den Besitzer; nur 24,24 Millionen Aktien des Konkurswertes waren überhaupt zum Handel zugelassen (Diagramm 28). Der Konkursverwalter erklärte, an solchen Gerüchten sei nichts dran. Escom habe keine Geschäftsaktivitäten und keine Grundstücke. Der

160 Die gefährlichsten Börsenfallen

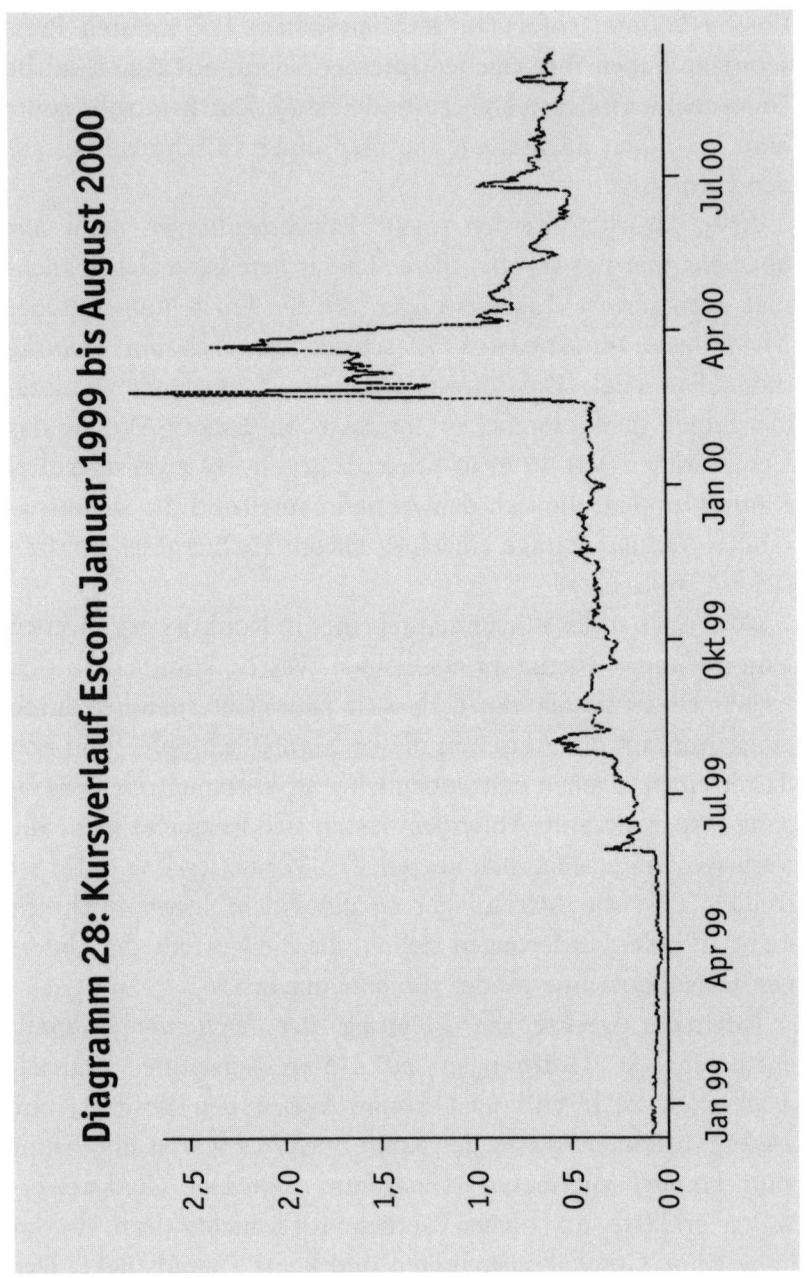

Diagramm 28: Kursverlauf Escom Januar 1999 bis August 2000

börsennotierte Firmenmantel sei aber keineswegs den Kurs von 0,43 Euro wert, zu dem die Aktie noch notierte. Am besten wäre es, meinte er, wenn der Handel ausgesetzt würde. Daraufhin ging der Kurs wieder zurück.

Doch weil dieses Spielchen so gut geklappt hatte, wurde es Mitte Februar 2000 noch einmal durchgeführt. Dieses Mal gelangen den Initiatoren noch weit größere Kursausschläge nach oben, die sie zu günstigen Verkäufen nutzen konnten. Die Argumente und Gerüchte vom August 1999 wurden einfach wiederholt. Und wieder brach die Spekulation zusammen. »Aus Schaden wird man klug«, behauptet ein Sprichwort. Manche Anleger werden es offenbar nie.

18 Ratschläge für Privatanleger zur Vermeidung der gefährlichsten Börsenfallen

1. Beschaffen Sie sich weder rund um die Uhr noch täglich Börsenkurse und Börseninformationen; Sie geraten sonst unter Handlungsdruck. Nehmen Sie in der Regel einfach am Wochenende zur Kenntnis, wie die Börsenlage ist.

2. Handeln Sie niemals an Tagen, an denen es an der Börse hektisch zugeht! Nach Tagen der Euphorie, Angst oder Panik erfolgt meist eine Gegenreaktion.

3. Verzichten Sie auf kurzfristiges Trading und folgen Sie dem mittelfristigen Trend, wie er sich Ihnen durch ein erprobtes System darstellt. Setzen Sie nicht vorher auf einen neuen Trend, ehe Ihr System deutlich eine Trendwende signalisiert hat! Die Darstellung bewährter erprobter Systeme finden Sie im Anschluss an diese Ratschläge.

4. Trauen Sie Statistiken nicht, die Ihnen weismachen wollen, dass man Aktien oder Aktienfonds nur kaufen und liegenlassen müsste, um an der Börse erfolgreich zu sein. Der mittelfristige Verkaufszeitpunkt ist ebenso wichtig wie der zeitlich passende Einstieg.

5. Räumen Sie bei der Bestimmung des »mittelfristigen Trends« der Bewegung der Anleihezinsen und des US-Dollars allerhöchste Priorität ein. Auch dazu mehr im Anschluss.

6. Springen Sie nicht zu spät auf einen bestehenden Trend auf, nur weil Sie jetzt mutiger geworden sind.

7. Kaufen Sie nie nach, weder als Zukauf noch als Verbilligungskauf, es sei denn, Sie hätten von vornherein gestaffelte Käufe zu bestimmten Zeitpunkten fest eingeplant.

8. Bewahren Sie sich Ihren gesunden Menschenverstand. Sind die Kurse an den Weltbörsen vier Jahre oder länger nur gestiegen und blüht das Geschäft mit neuen Aktien, dann ist eine baldige Korrektur wahrscheinlich. Hingegen können Sie sich nach Kursstürzen der Indizes (DAX, Dow Jones, Euro Stoxx 50) um rund 40 Prozent oder gar mehr zum Wiedereinstieg bereitmachen.

9. Liegt ein Index um mehr als 4 Prozent über seiner Vierwochen-Durchschnittslinie, herrscht kurzfristig zu viel Optimismus. Der Index ist überkauft. Es ist mit einer baldigen kurzfristigen Gegenreaktion zu rechnen. In solchen Fällen sollten Sie sich nicht von der euphorischen Stimmung anstecken lassen, sondern einfach abwarten.

10. Liegt ein Index um mehr als 4 Prozent unter seiner Vierwochen-Durchschnittslinie, herrscht kurzfristig zu viel Pessimismus. Der Index ist überverkauft. Es ist mit einer baldigen kurzfristigen Gegenreaktion zu rechnen. In solchen Fällen sollten Sie sich nicht von der gedrückten Stimmung anstecken lassen, sondern einfach abwarten.

11. Liegt ein Index mehr als 15 Prozent über seiner 200-Tage-Durchschnittslinie, herrscht mittelfristig zu viel Optimismus. Der Index ist überkauft. Es ist mit einer mittelfristigen Gegenreaktion zu rechnen, die aber auch noch Monate auf

sich warten lassen kann. Hier nicht mehr zusätzlich einsteigen, sondern abwarten.

12. Liegt ein Index mehr als 15 Prozent unter seiner 200-Tage-Durchschnittslinie, herrscht mittelfristig zu viel Pessimismus. Der Index ist überverkauft. Es ist vermutlich bereits in ein bis zwei Monaten mit einer mittelfristigen Wende zu rechnen. Hier nicht mehr generell aussteigen, sofern Sie noch Aktien besitzen, sondern zunächst abwarten und nach einer abgeschlossenen Bodenbildung Aktien kaufen, die deutlich schon im Aufwärtstrend liegen.

13. Beachten Sie, dass ein Trend schon sehr weit fortgeschritten ist, wenn normale Tageszeitungen oder die *Tagesschau* darüber berichten. Stellen Sie sich darauf ein, dass nach sehr positiven oder negativen Schlagzeilen in Kürze der Trend in die andere Richtung geht.

14. Halten Sie Ihren Einsatz stets so klein, dass Sie Ihrem System gelassen weiter folgen können, auch wenn sich die Kurse kurzfristig gegen Sie entwickeln.

15. Achten Sie bei der Auswahl Ihrer Aktien sowohl auf deren »relative Stärke« als auch auf den Preis, der in einem angemessenen Verhältnis zum erwarteten Unternehmensgewinn stehen sollte. Relativ starke Aktien erkennen Sie daran, dass diese bereits zum Zeitpunkt eines Einstiegs – wenn also das allgemeine Kursniveau noch niedrig ist – in der Nähe ihres letzten 52-Wochen-Hochs liegen. Solche Angaben finden Sie in guten Tageszeitungen, zum Beispiel im *Handelsblatt*.

16. Verkaufen Sie Aktien nicht zu früh, wenn Sie im Gewinn liegen und kein Verkaufssignal vorliegt. Denken Sie an die Börsenregel: Gewinne laufen lassen – Verluste glattstellen!

Nehmen Sie jede Aktie aus Ihrem Depot, die ein Neunmonatstief meldet. Sie müssen dazu die Kurse nicht täglich beobachten; es genügt, wenn Sie die Kurse jeder Aktie, die Sie halten, zur Monatsmitte und zum Monatsende aufschreiben.

17. Streuen Sie Ihr Anlagekapital. Keine Aktie sollte mehr als 5 Prozent Ihres Depots einnehmen. Ein Aktiendepot im Wert von 100 000 Euro darf ohne Weiteres bis zu 30 Titel enthalten. Sie müssen nicht befürchten, dass Sie in einem solchen Fall Ihr Depot nicht mehr überblicken könnten. Wichtiger ist, dass Sie sich nicht von der positiven Entwicklung von einigen wenigen Werten abhängig machen. So können Sie auch dann die nötige Gelassenheit bewahren, wenn einmal unerwartet schlechte Nachrichten über eines Ihrer Unternehmen hereinbrechen. Außerdem wird es Ihnen leichter fallen, die eine oder andere Aktie, die nicht wunschgemäß läuft, wieder zu auszutauschen. Wenn Sie sehr viel Geld in einen einzelnen Wert gesteckt haben, wird die Gefahr sehr groß, den häufigsten Anfängerfehler zu begehen, das heißt bei Kursverlusten eigensinnig zu werden und Verluste »aussitzen« zu wollen.

18. Käufe von Optionen oder Optionsscheinen sollten Sie nur ausnahmsweise erwägen. Hier gilt nicht die Regel »Gewinne laufen lassen, Verluste glattstellen«. Halten Sie sich stattdessen an die folgenden beiden Gebote:

    - Schnelle Gewinne sofort realisieren.
    - Aussteigen, wenn sich die erwartete Börsenbewegung nicht innerhalb einer vorher festgelegten Zeitspanne einstellt.

Die wichtigsten Regeln zur Aktienauswahl und zum Timing

Gehören Sie zu den Anlegern, die vor lauter Freude über kleine Gewinne viel zu früh verkaufen? Oder sitzen Sie Verlustpositionen zu lange aus, weil Sie immer noch auf eine Wende zu Ihren Gunsten hoffen, die aber nicht eintreten will?

Wenn Sie eine dieser Fragen oder gar beide mit Ja beantworten können, dann haben Sie sicherlich bereits bemerkt, dass Sie mit einer derartigen Verhaltensweise unter dem Strich vor allem Verluste einfahren. Im anderen Falle haben Sie wohl schon einige Jahre Börsenerfahrung gesammelt. Denn viele unerfahrene Anleger wählen sowohl den falschen Zeitpunkt für ihre Aktienanlagen aus als auch die falschen Titel.

Weit verbreitet ist etwa die Annahme, dass Aktien billig seien, die gefallen sind. Es gibt daher Börsenteilnehmer, die allen Ernstes bei der Auswahl der Aktien die aktuellen Kurse mit dem Kursverlauf der letzten Monate vergleichen und dann diejenigen Aktien bevorzugen, die billiger geworden sind. Ein solches Verfahren mag zwar bei der Auswahl des Landes oder der Branche fruchten, nicht aber bei einem einzelnen Unternehmen.

Zunächst einmal ist es ja durchaus schätzenswert, wenn man »billig« kaufen will. Wir alle haben gelernt, dass es gut ist, »günstige Gelegenheiten« am Schopf zu packen. Tatsache ist aber, dass der bisherige Kursverlauf einer Aktie nichts darüber aussagt, ob diese wirklich billig oder teuer ist. Bewährt hat sich vielmehr, bei der Auswahl diejenigen Aktien zu bevorzugen, die in der Nähe ihrer Jahreshöchstkurse stehen. Um nicht falsch verstanden zu werden: Sie sollen nicht *zum Höchstkurs* kaufen, sondern – möglicherweise – zum *bisherigen Jahreshöchstkurs*. Das ist ein großer Unterschied. Der Börsenwert der Aktie kann sich trotzdem noch verdoppeln oder verdreifachen. Überraschende Kursaufschwünge oder -schwächen stellen sich im Nachhinein oft als begründet heraus. Warum Großanleger einen Titel nach und nach gekauft und die anderen vernachlässigt haben, erfährt man tatsächlich oft erst sehr viel später.

Freilich sollte jede Aktie, die Sie kaufen, preiswert sein. Das lässt sich ganz objektiv und viel einfacher feststellen, als Sie vielleicht glauben. Der beste Maßstab ist das Kurs-Umsatz-Verhältnis (KUV), das heißt der Börsenwert aller Aktien, geteilt durch den Jahresumsatz des Unternehmens. Das KUV sollte auf keinen Fall den Wert 1,5 übersteigen. Ausnahmen sind nur bei kleinen Wachstumsunternehmen zulässig, die noch in der Aufbauphase stecken. Bei Großkonzernen ist der Wachstumsansatz zu vernachlässigen. Bei Finanztiteln und Beteiligungsgesellschaften orientieren Sie sich am Kurs-Buchwert-Verhältnis (KBV). Dieses sollte möglichst nicht größer sein als 2,5.

Kurz: Kaufen Sie nur preiswerte Aktien, die zugleich relativ stark sind, das heißt, die gut im Trend liegen. Ob eine hohe Dividende gezahlt wird und der geschätzte Gewinn für das laufende Jahr schon recht gut ist, ist nicht so wichtig. Die höchsten Kursgewinne erzielt man meist mit Aktien von Unternehmen, die nach einem oder mehreren Verlustjahren gerade im Begriff sind, die Gewinnzone wieder zu erreichen. Solche Unternehmen zahlen ohnehin noch keine Dividende.

Der größte Fehler, den Börsenneulinge begehen, besteht darin, die aktuellen Kurse stets mit den persönlichen Kaufkursen zu vergleichen und zu verlangen, dass all ihre Aktien in der Gewinnzone liegen. Das aber ist nur in einer sehr steilen Aufwärtsbewegung der Fall. Im Normalfall gibt es immer Aktien, die sich viel schlechter als der Durchschnitt entwickeln und die man früher oder später gegen Papiere austauschen sollte, die besser im Trend liegen. Am besten vergessen Sie nach einem Kauf sofort, zu welchem Preis Sie eine Aktie eingekauft haben. Für die Zukunftsaussichten des Unternehmens ist dies völlig irrelevant!

Eine der wichtigsten Regeln im Börsengeschäft kann nicht oft genug wiederholt werden: *Gewinne laufen lassen, Verluste glattstellen!* Also: Gute Aktien halten, schlechte auch mit Verlust verkaufen. Das ist genau das Gegenteil dessen, was die meisten von uns als Kinder gelernt haben, nämlich zu einmal getroffenen Entscheidungen zu stehen, notfalls bis zum bitteren Ende. Es ist bereits in der Erziehung sehr fragwürdig, nach solchen Prinzipien zu verfahren; umso mehr müssten wir als Erwachsene solche Verhaltensweisen abstreifen können. Die Märkte sind nun einmal nicht statisch, sondern dynamisch. Neue Situationen erfordern neue Reaktionen! So werden wir zwar stets sorgfältig prüfen müssen, ob wir eine einmal getroffene Entscheidung für eine Aktie, ein Land oder eine Branche wirklich revidieren sollten. Aber wir *müssen* korrigieren, wenn die Voraussetzungen, unter denen wir einst gehandelt haben, nicht mehr zutreffen. Das gilt auch dann, wenn wir eine Position mit Verlust aufheben müssen. Wer danach strebt, immer Recht zu behalten, und deshalb seine Entscheidungen niemals korrigiert, zeigt nur seinen Starrsinn und seine Unbeweglichkeit und wird an der Börse niemals größere Erfolge verzeichnen können.

Ich empfehle Ihnen daher, immer strikt die so genannte Neunmonatsregel einzuhalten: Trennen Sie sich von Aktien, die während einer laufenden Aktienhausse ein Neunmonatstief melden! Sie sollten dazu nicht tägliche Kursentwicklungen heranziehen, sondern es genügt, sich die Kurse jeweils zur Monatsmitte und zum Monatsende aufschreiben. Wenn Sie konsequent jede Aktie aus Ihrem Depot entfernen, die ein Neunmonatstief meldet, werden Sie niemals schwache Aktien halten.

Nehmen Sie das Neunmonatstief einer Ihrer Aktien, die Sie bisher für haltenswert hielten, gleichzeitig als Warnsignal: Es könnte den Anfang einer allgemeinen Korrekturphase nach unten markieren. Das bedeutet, dass Sie die aus Ihrem Depot entfernte Aktie nicht gleich durch eine andere ersetzen sollten. Lassen Sie stattdessen erst einmal einige Wochen verstreichen und nehmen Sie nur dann einen neuen Titel ins Depot, wenn Sie davon überzeugt sind, dass die Aufwärtsbewegung noch andauern wird.

Erprobte Systeme für den Ein- und Ausstieg

Was sich in der Vergangenheit bewährt hat, wird dem Anleger auch in der Zukunft gute Dienste leisten. Unfehlbare Systeme gibt es nicht. Man sollte sich auch nicht auf ein einziges System allein verlassen. Aber Sie können sich nach den im Folgenden vorgestellten Methoden richten, die allesamt in den letzten Jahrzehnten zufriedenstellende Ergebnisse gebracht haben.

Bewertung von Aktien und Aktienindizes im historischen Vergleich

Es gibt sehr wohl Möglichkeiten, um objektiv festzustellen, wann ein Aktienindex tatsächlich fair bewertet ist: das durchschnittliche Kurs-Umsatz-Verhältnis (KUV). Eine Aktie ist in der Regel fair bewertet, wenn ihr Börsenwert etwa das 1,2-Fache des Jahresumsatzes beträgt. Das lehrt der historische Vergleich. Um also beurteilen zu können, ob zum Beispiel der DAX zu hoch oder zu niedrig bewertet ist, muss man lediglich das durchschnittliche Kurs-Umsatz-Verhältnis errechnen. Dabei sollten Finanztitel und Beteiligungsgesellschaften nicht mitberücksichtigt werden, weil deren Umsätze nicht mit denen der Industrietitel vergleichbar sind. Mitte 2003, als der DAX bei etwa 3 200 Punkten lag, betrug das durchschnittliche KUV der im DAX vertretenen Unternehmen 0,82 Punkte. An unserer Norm von 1,2 gemessen, waren die DAX-Unternehmen unterbewertet; der faire Wert des DAX lag bei etwa 4 680 Punkten.

Solche fundamentalen Überlegungen nach dem KUV sind ein guter Anhaltspunkt, wobei freilich nie vergessen werden darf, dass die Börse die Aktien nur selten fair bewertet, sondern meist zu hoch oder zu niedrig, je nach Stimmungslage. Die Erwartung, dass ein Index sich rasch seiner fairen Bewertung nähern müsse, kann sich auch als irrig erweisen.

Übrigens ist das KUV ein sehr viel besserer Maßstab als das viel häufiger zitierte Kurs-Gewinn-Verhältnis. Umsätze können nicht so leicht bilanztechnisch manipuliert werden wie Gewinne.

Charts

Ich stehe der Charttechnik insofern etwas distanziert gegenüber, als ich immer wieder erlebe, wie Charts zwar im Nachhinein wunderschön interpretiert werden, aber im kritischen Moment doch oft mehrdeutig sind. Andererseits bieten sie dem Anleger die Möglichkeit, sehr anschaulich die Kursentwicklungen und Trends über einen längeren Zeitraum zu erkennen und sich auf diese Weise besser von den verhängnisvollen Tagesstimmungen lösen zu können.

Mithilfe einer eingezeichneten Trendlinie, die beim Wochenchart einen Schnittpunkt mit der Kurve signalisiert (Diagramm 29), hätte man zum Beispiel spätestens Anfang August 1998 erkennen können, dass sich der Aufwärtstrend beim DAX

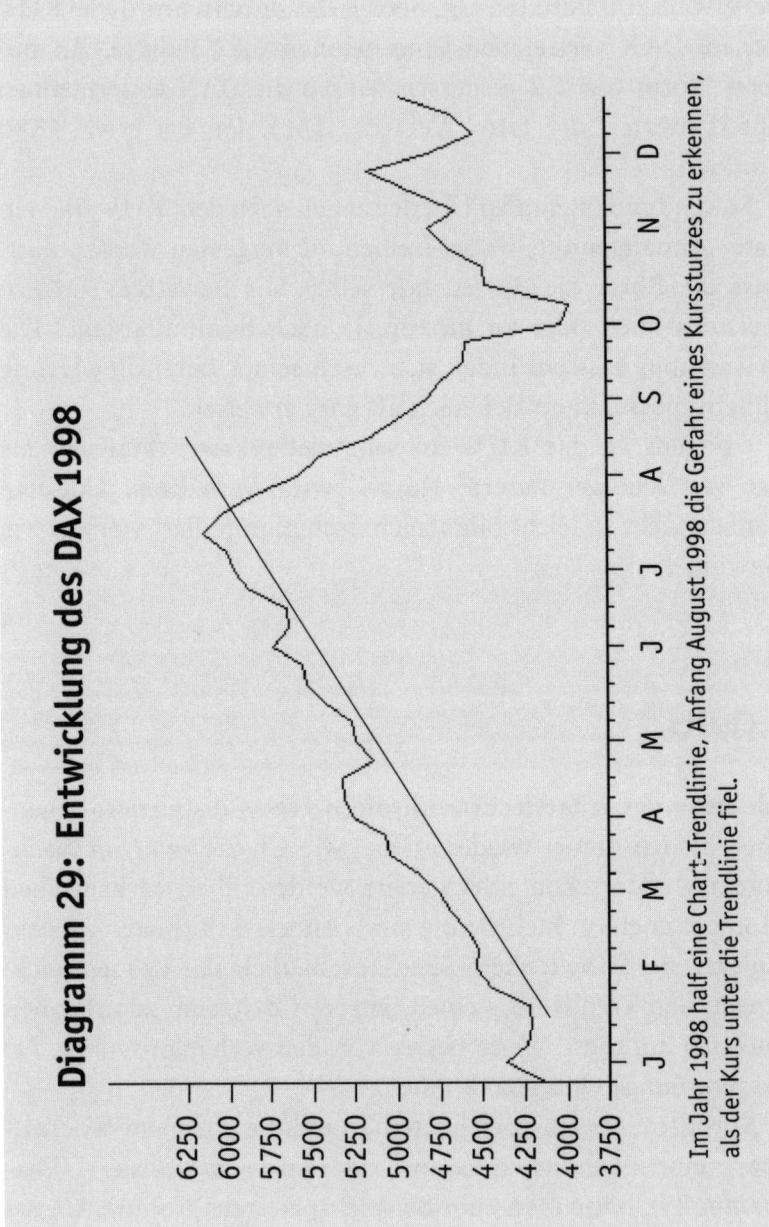

Diagramm 29: Entwicklung des DAX 1998

Im Jahr 1998 half eine Chart-Trendlinie, Anfang August 1998 die Gefahr eines Kurssturzes zu erkennen, als der Kurs unter die Trendlinie fiel.

nicht so wie bisher fortsetzen würde. Das wäre bei 50 Prozent Kursgewinn in sechs Monaten schon ein Verkaufssignal. In der Tat fiel der DAX anschließend bis Anfang Oktober auf rund 3 800 Punkte, das heißt um rund 40 Prozent.

Eingezeichnete Trendlinien sollten möglichst mehrere Kurvenspitzen oder -böden miteinander verbinden. Je mehr es sind, desto zuverlässiger ist die Trendlinie. Wenn Sie sich intensiver mit der Chartanalyse beschäftigen wollen, empfehle ich Ihnen das Buch *Visuelle Aktienanalyse. Mit Charts Börsentrends frühzeitig erkennen* von John Murphy (Frankfurt am Main, 3. Auflage, 2000).

Die Zinsmethode

Steigende Anleihezinsen sind Gift für Aktien, sinkende Anleihezinsen führen in der Regel zu einer Aktienhausse. Diese Gesetzmäßigkeit ist unter Analysten allgemein anerkannt. Allerdings handelt es sich bei dem beschriebenen Zusammenhang um einen Frühindikator, denn meist reagieren die Aktienkurse auf Zinsbewegungen mit einer Verzögerung von sechs bis neun Monaten.

Zur Anwendung der Zinsmethode müssen Sie zwei Zinszahlen beachten: die deutsche Umlaufrendite und die Rendite der zehnjährigen US-Staatsanleihen, der so genannten Treasury Bonds. Unter der Umlaufrendite versteht man den Durchschnittszins aller im Umlauf befindlichen deutschen Bundesanleihen mit einer Restlaufzeit von mindestens drei Jahren. Beide Zinszahlen werden in jeder guten deutschen Tageszeitung angegeben.

Die Regel lautet: Aktienkäufe sind immer möglich, solange

nicht beide Zinszahlen ein 39-Wochen-Hoch gemeldet haben. Wenn das der Fall ist – und die beiden 39-Wochen-Hochs müssen nicht zur selben Zeit eingetreten sein –, droht Gefahr für Aktien. Entwarnung ist hingegen bereits dann gegeben, wenn nur eine der beiden Zinszahlen wieder ein neues 39-Wochen-Tief meldet.

Die Index-Frühindikatoren-Methode

Unter den weltweit bekannten Aktienindizes gibt es zwei, die bisher stets relativ frühzeitig Trendwenden am Aktienmarkt angezeigt haben. Das sind der Nasdaq-Composite-Index (USA) und der Dow-Jones-Utility-Index.

Der Nasdaq enthält Hightech-Werte, deren Kurse oft hoch notieren, obwohl die Unternehmen großenteils noch gar nicht mit Gewinn arbeiten. Deshalb reagieren bei solchen Aktien die Börsenteilnehmer sehr schnell und empfindlich auf enttäuschte Hoffnungen ebenso wie auf Gerüchte von einer bevorstehenden Erholung.

Der Dow-Jones-Utility-Index, auch Dow-Jones-Versorger-Index genannt, enthält vor allem Stromversorger und ähnliche Dienstleister, die im Grunde genommen »langweilig« sind, weil sich ihre Gewinnlage und die Ausschüttung nur wenig verändern. Andererseits korreliert dieser Aktienindex stark mit festverzinslichen Wertpapieren. Sinkende Zinsen werden hier sehr schnell positiv registriert, steigende Zinsen führen rasch zu Kursverlusten. Da die Zinsen ein Frühindikator für Aktien sind, trifft dies auch für den Dow-Jones-Utility-Index zu.

Die beiden genannten Indizes geben Kaufsignale bei einem 13-Wochen-Hoch und Verkaufssignale bei einem 18-Wochen-Tief. Sie sollten nur dann zwischen »Kaufen« und »Verkaufen«

wechseln, wenn *beide* Indizes einen neuen Trend gemeldet haben – gleichgültig ob zeitversetzt oder nicht.

Saisonale Schwankungen

Die vergangenen 40 Börsenjahre haben gezeigt, dass Aktienbewegungen in erheblichem Maß von saisonalen Einflüssen abhängen. Offenbar wird im Sommer und Frühherbst weniger Geld an der Börse angelegt, sondern eher abgezogen und für andere Zwecke ausgegeben, etwa zur Finanzierung von Urlaubsreisen.

Als besonders gefährlich haben sich häufig die Monate September und Oktober gezeigt, aber auch in den Monaten Mai und August gab es schon kräftige Kursverluste. Relativ sicher haben sich hingegen die Monate November bis April dargestellt. Das ist freilich nur eine Faustregel. Es gab in den vergangenen 50 Jahren sieben Ausnahmen, nämlich 1962, 1966, 1977, 1978, 1980, 2001 und 2003. In diesen Jahren, das heißt in 14 Prozent der Fälle, war die Kursentwicklung im ersten Quartal (Januar bis März) sehr schwach. In den übrigen Fällen sind die Aktien im ersten Jahresquartal weltweit gestiegen.

Man könnte daraus die folgende Regel ableiten: In den Monaten November bis April können Aktien gut gehalten werden, auch dann, wenn andere Indikatoren Warnsignale geben. In den übrigen Monaten sollte man Aktien nur dann halten, wenn der Aktienmarkt insgesamt keine Schwächen zeigt und der Dollar stabil ist (mehr dazu im folgenden Abschnitt).

Ob der Aktienmarkt Schwächen zeigt, muss entweder charttechnisch geklärt werden (siehe oben) oder mit der einfachen Sechswochenmethode. Dabei gilt es, zum Beispiel den DAX zu beobachten. Solange dieser kein Sechswochentief meldet, gilt der Aktienmarkt als sicher. Sie können Ihrem Urteil natürlich auch eine größere Anzahl von Aktienindizes zugrunde legen. In diesem Fall können Sie davon ausgehen, dass der Aktienmarkt nicht schwächelt, sofern nur die Mehrheit der Indizes kein Sechswochentief meldet.

Die Euro-Dollar-Methode

Ein steigender Eurokurs (also ein sinkender Dollarkurs) hat zeitweilig zu Kursverlusten an allen Aktienmärkten geführt, ein sinkender Eurokurs (also ein steigender Dollarkurs) war meistens gut für die Börsen. Auf die Gründe einzugehen, würde den Rahmen dieses Buches sprengen. Näheres dazu finden Sie in meinem Buch *Der neue Aktien-Berater* (Frankfurt am Main, 2003).

Um diesen Zusammenhang zu nutzen, können Sie mit einer einfachen Regel arbeiten, die auf wöchentlichen Aufzeichnungen des Eurokurses in Dollar beruht: Sie können Aktien kaufen und unbesorgt halten, solange nicht der Euro gegenüber dem US-Dollar ein 15-Monats-Hoch meldet. Ein solches Hoch könnte Gefahr bedeuten. Umgekehrt gesehen, hat es bei einem starken US-Dollar noch nie einen Aktiencrash oder eine anhaltend scharfe Aktienbaisse gegeben.

Solange also der Euro schwächer ist als der US-Dollar, können Sie Ihre Aktien ohne Weiteres halten, auch in den gefährlicheren Monaten Mai bis Oktober und auch bei vorübergehend schwacher Kursentwicklung. Sie sollten aber sehr aufpassen und lieber aussteigen, wenn der Euro steigt, ein 15-Wochen-Hoch meldet, gleichzeitig die Aktienindizes Schwäche zeigen und zudem der aktuelle Monat für Aktien saisonal ungünstig ist.

Schlusswort

Wer vermeiden will, in eine Börsenfalle zu geraten, sollte nie vergessen, dass er beim Kauf einer Aktie eine *Beteiligung an einem Unternehmen* erwirbt. Das wird bei dem in Mode gekommenen Handel mit Derivaten, also Optionen und Zertifikaten, immer wieder übersehen. Die verlockenden Angebote, »schnelles Geld zu machen«, sind unter dem Strich nur Appelle an die Spielsucht und Manöver, um den Kunden Geld aus der Tasche zu ziehen und ihnen das Risiko einer Anlage zu überantworten, das die großen Institutionen wie Banken nicht eingehen wollen.

Auch im Gespräch mit ihrem Bankberater sind viele Anleger unbedarft. Oftmals spielt die Vorstellung von dem »Bankbeamten«, der sie objektiv und gut berät, eine große Rolle. Dass dieser »Bankbeamte« ebenso wenig wie sie selbst weiß, wie sich die Kurse in der nächsten Zeit entwickeln werden, und dass er im Grunde ein Verkäufer von Produkten ist, darüber sind sich die meisten Menschen nicht im Klaren.

Aktien sind Risikopapiere. Wer sie kauft, ist in gewisser Weise mit dem Schicksal der betreffenden Unternehmen eng verbunden. Freilich möchten wir als Anleger gern auch wieder aussteigen und Kursgewinne mitnehmen, vor allem dann, wenn die Kurse in schwindelerregende Höhen klettern. Aber wir sollten uns auch immer wieder in Erinnerung rufen, dass wir nicht verkaufen *müssen*, wenn wir keinen angemessenen Preis bekommen.

Die Panik, mit der im März 2003 bei einem DAX-Tiefstand von 2300 ohne Sinn und Verstand Aktien buchstäblich verschleudert wurden, hat gezeigt, wie unreif viele Menschen sind, wenn es heißt, an der Börse zu handeln. Und offenbar werden keine Lehren gezogen, wie die Reaktionen von Anlegern Ende Februar und Anfang März 2007 zeigten, als ein Kursrutsch in China publik wurde und etliche nichts Besseres zu tun wussten, als schnellstmöglich die Aktien abzustoßen, die sie noch kurz zuvor im Vertrauen auf einen immerwährenden Kursanstieg erworben hatten.

Warren Buffett hat des Öfteren darauf hingewiesen, man solle keine Aktien kaufen, wenn man nicht bereit sei, diese dann auch zehn Jahre oder länger zu behalten. Ich kann dieses Gebot nur unterstreichen. Wer in Panik »raus, nichts wie raus« will, sollte sich also ernsthaft fragen, warum er seine Aktien überhaupt gekauft hat. War er nicht davon überzeugt, einen angemessenen Gegenwert für sein Geld zu erhalten?

Wer eine Immobilie besitzt, der bleibt doch auch gelassen, wenn er hört, dass der Marktpreis der Immobilie zurückgegangen ist. Marktpreise schwanken nun einmal aus den verschiedensten Gründen. Und so sollte man auch als Aktionär über seine Unternehmen denken. Sie stellen einen angemessenen Wert dar, wenn man nicht zu viel dafür bezahlt hat. Kein Anleger *muss* seine Anteile verkaufen! Die Voraussetzung ist natürlich, dass er sich beim Kauf nicht übernommen und auch auf die berüchtigten Hebelwirkungen verzichtet hat. Hebel wirken nämlich auch in die falsche Richtung, und davor kann nicht oft genug gewarnt werden.

Andererseits müssen Sie auch bereit sein, zu handeln, wenn die Voraussetzungen, unter denen sie gekauft haben, nicht mehr gegeben sind. Auch diejenigen, die ihre Aktien nur deshalb behalten, weil sie sonst zugeben müssten, dass sie Verluste gemacht haben, sind schlecht beraten.

Weiterführende Literatur

Buskamp, Franz-Josef: *Mentale Börsenkompetenz,* München 2005

Goleman, Daniel: *Emotionale Intelligenz,* München 1999

Lang, Uwe: *Der Neue Aktien-Berater,* Frankfurt/New York 2003

LeBon, Gustave: *Psychologie der Massen,* Stuttgart 1964

Levitt, Arthur: *Take on the Street. What Wall Street and Corporate America don't want you to know – What you can do to fight back,* New York 2002

Millman, Gregory J.: *Day-Trading – Millionen in Minuten. Die Jagd nach dem schnellen Geld,* Frankfurt/New York 2000

Murphy, John J.: *Technische Intermarket-Analyse,* Frankfurt/New York 1992

Murphy, John J.: *Visuelle Aktienanalyse. Mit Charts Börsentrends frühzeitig erkennen,* Frankfurt/New York, 3. Aufl., 2000

O'Shaughnessy, James P.: *Die besten Anlagestrategien aller Zeiten,* Landsberg/Lech, 3. Auf., 2000

Wagner, Bruno: *Burn Rate. Wie Fondsmanager unser Geld verbrennen,* München, 2001

Verzeichnis der Diagramme

Diagramm 1: Kursverlauf Siemens 1997 bis 1999 . . . 15
Diagramm 2: Kursverlauf SAP (Vorzugsaktien) 1997 bis 1999. 16
Diagramm 3: Kursverlauf ThyssenKrupp 2000 bis 2007 19
Diagramm 4: Entwicklung der Deutsche-Telekom-Aktie seit Anfang 2000 25
Diagramm 5: Kursverlauf Citigroup (in Euro) Januar 1999 bis August 2000 29
Diagramm 6: Kursverlauf Deutsche Telekom Januar 1996 bis August 2000 32
Diagramm 7: Dow-Jones-Index 1973 bis 1978 36
Diagramm 8: DAX und MDAX 1996 bis 2000 im Vergleich 40/41
Diagramm 9: Entwicklung der Tiptel-Aktie 1997 bis 2007 53
Diagramm 10: Set-Index Bangkok April 1996 bis Dezember 1998 55
Diagramm 11: Hang-Seng-Index (Hongkong) 1997 . . . 56
Diagramm 12: US-Dollar in DM 1980 bis 1986 59
Diagramm 13: DAX Juli bis November 1998 61
Diagramm 14: Entwicklung des DAX seit März 2006 . . 83

Diagramm 15: Kursverlauf Cybernet Januar 1999
bis August 2000 87
Diagramm 16: Kursverlauf Daewoo Avia Januar 1998
bis August 2000 102
Diagramm 17: Entwicklung des DAX Juli 1999 bis
Mitte Oktober 1999 104
Diagramm 18: Kursentwicklung ITN Nanovation Juli
2006 bis Februar 2007 108
Diagramm 19: DAX vom 30. Dezember 1999 bis zum
7. Januar 2000 121
Diagramm 20: Kursentwicklung DaimlerChrysler
seit 1998 125
Diagramm 21: Kursentwicklung Vodafone seit 2000. . . 127
Diagramm 22: US-Dollar in Yen 1994 bis 1996 134
Diagramm 23: DAX November 1998 bis Januar 1999 . . 137
Diagramm 24: Die plötzliche Aktienhausse in Europa
um die Wende zum Jahr 2000 140
Diagramm 25: Kursverlauf Artnet.com Mai 1999 bis
August 2000 146
Diagramm 26: Kursverlauf Ixos Oktober 1998 bis
August 2000 148
Diagramm 27: Kursverlauf Mobilcom Januar 1997
bis August 2000 154
Diagramm 28: Kursverlauf Escom Januar 1999 bis
August 2000 160
Diagramm 29: Entwicklung des DAX 1998 172

Register

ABB 152
Absolute-Return-Fonds 74
Activest 74
ADIG-Währungsfonds 74
Air Berlin 144
Aktienanleihen 10, 17, 33, 35, 85f., 88f., 92, 101
Aktienfonds 39, 69, 113, 162
Aktienindizes 35, 38–43, 58, 71, 76, 79f., 90–92, 114, 132f., 163, 174–176
Aktienmantel 159, 161
Aktives Management 71
Allianz 124, 142
All-Time-High-Zertifikate 77
Altaktionäre 144f., 147
Amaranth 92
Analysten 13f., 17f., 20f., 22–26, 42, 105, 149
– Beeinflussung 22–24
Angstverkauf 46
Anleihen s. *unter Aktienanleihen, Bundesanleihen, US-Staatsanleihen*
Anleihezinsen 162, 173
Antizyklisches Verhalten 63, 70

AOL 124
Arthur Andersen 23
Artnet.com 145f.
Asienkrise (1997) 54–57
Aufgeld 81
Ausgabeaufschlag 69f., 73f.

Baisse 10, 79, 84, 90, 97, 136, 138, 141, 176
Bär-Zertifikate 79
Basel II 17
Basiswert 81
Bauer 144
Behavioral Finance 44f.
Beiersdorf 24
Bioenergiefonds 113
Board 157
Bonuszertifikate 76, 79
Börsenaufsicht, hessische 158
Börsenaufsicht, US (SEC) 23, 91, 119f., 151
Börsenbriefe 62f., 149
Börsengemeinde 49
Börseninformationen 23, 50, 57, 97f., 100f., 103, 162
Börsenjargon 20

Börsenwert 18, 76, 167, 170
Branchenzertifikate 77
Bund-Future 114
Bundesanleihen 85, 173
Buyout-Fonds 95

Call 60, 80
Charts 116, 171, 173
Chase Manhattan 30
Citibank 141
Citigroup 29 f., 141
Cominvest 74
Commerzbank 74
Commerzbank-Index 38
Credit Suisse First Boston 30, 107
Cross-Geschäft 131
Cybernet 86 f.

Dachfonds 74, 91, 95 f.
Daewoo 101 f.
DaimlerChrysler 124–126
Daytrading 114–122
Derivate 74, 132, 177
Derivateforum 79
Deutsche Bank 24, 62, 123 f., 135, 138, 149
Deutsche Telekom 22–25, 31 f., 42, 129 f.
Deutscher Aktienindex (DAX) 31, 38, 66, 99, 132, 151, 153, 163, 170, 175
– DAX-Entwicklung 39 f., 42, 58, 61, 63, 82–84, 104, 120 f., 136 f., 141 f., 144, 170–173

– DAX-Future 66, 81 f., 132, 136
Devisenfonds 74
Devisenkontrakte 132
Diskontzertifikate 76
Dividenden 77, 88, 94, 167
Dividendenrendite 77 f.
Dow-Jones-Index 31, 33, 36, 38, 58, 139, 163
– Dow-Jones-Utility-Index 174
Dresdner Bank 124
DWS 69, 74

Emotionale Intelligenz 47
ENMD 48
Enron 17, 23
Epcos 143
Escom 159–161
Ethikfonds 111–113
Eurex 80
Euro-Dollar-Methode 176
Euro Stoxx 39, 77, 132, 141, 163
Euwax 76

Falschmeldung 157–159
FAZ-Index 38
Festgeld 75
Festverzinsliche Wertpapiere 76, 91, 114, 174
Fonds 34 f., 37, 39, 42, 69–75, 91, 97, 126, 162
Fondsmanager 14, 35, 39, 42, 70–74, 92, 141
Frontrunning 155 f.
Fundamentalanalyse 13, 22, 39
Fusionen 9, 123–128, 132

Future 81 f., 90, 93, 99, 138

Garantiezertifikate 76 f.
Gefälligkeitsanalyse 149
Gegenreaktion 67, 162 f.
Geldmarktfonds 75
Gerüchte 157, 159, 161, 174
Goldman Sachs 22, 123, 135 f., 138, 149
Großbanken 24, 129–133, 138, 143, 147

Hang-Seng-Index 54, 56
Hausse 10, 43 f., 46, 70, 88, 97, 139–141, 147, 173
Hebel/Hebelprodukte 9, 74, 76, 80, 82, 84, 93, 178
Hebelzertifikat 78, 81
Hedgefonds 90–94
Herabstufung 14, 17 f., 142, 150
Herde/Herdentrieb 39, 46, 48, 50, 68, 70–72
Historischer Vergleich 170
Hochstufung 18, 150
HypoVereinsbank 77
HVB Euro Substanz Index 77

Immobilienkrise 35
Index-Frühindikatoren-Methode 174
Indexfutures 9
Indexzertifikate 76 f.
Infineon 143
Inflation 34 f., 37
Insidergeschäfte 150–155
Insiderzertifikate 151 f.

Internet(-informationen) 98, 157–159
Investmentbanken, eigene Interessen 22–24, 105, 132–142, 147–149
Investmentfonds *s. unter Fonds*
Irrationale Entscheidungsfindung 45 f.
ITN Nanovation 107–109
Ixos 147–149

J. P. Morgan 30

Käufe, gestaffelte 163
Kaufoptionsschein 80
Kauf-Stopp-Order 66
Kaufwelle 50
Kettenreaktion beim Aktienkauf 42
Klöckner & Co 144
Knock-out-Zertifikate 9, 78
Kognitive Dissonanz 51
Kollektive Dummheit 45, 57
Korrekturphase 34
Kurs-Buchwert-Verhältnis (KBV) 97, 167
Kurs-Gewinn-Verhältnis (KGV) 171
Kurs-Umsatz-Verhältnis (KUV) 97, 152, 167, 170 f.
Kurzfristigkeit 162

Long-Term Capital Management (LTCM) 91 f., 135, 138

MACD-Trendfolge-Indikator 98 f.

Manipulationen 129–133, 155, 158
Mannesmann 42, 124, 128
Marktkapitalisierung 42
Massenpsychologie 22, 46, 50f., 65
MDAX 39, 41
Medien 10, 46, 48–50, 52, 100f., 103, 153
Merrill Lynch 22, 103, 105, 107, 123, 135, 139
Mindeststandards 78
Mini-Futures 9, 78
Mittelfristigkeit 162
Mobilcom 153–155
Moody's 17
Morgan Stanley 22, 123, 135, 151

Nanosys 109
Nanotechnologie 106–110
Nano-Zertifikat 107
Nasdaq 38, 42, 73 147
– Nasdaq-Composite-Index 174
NEMAX 70
Neuemissionen 143–149
Neuer Markt 9, 51f., 69f., 73, 77, 86, 145, 147, 149, 153
Neunmonatsregel 168
Neunmonatstief 165, 169
Novartis 124

Ökofonds 113
Optimismus 45–47, 52, 57f., 60 163
Optionen 60, 80, 90, 93, 114, 165, 177

Optionsscheine 9, 76, 80–82, 165
Overconfidence Bias 57

Pessimismus 45, 57f., 60, 63, 163f.
Private Equity 94f.
Prognosen 13f., 26, 31, 33, 45
Provisionen 69, 79, 96
Prozyklisches Verhalten 70
Psychofalle 22, 45
Put 60, 81, 141
Put-Call-Ratio 60, 62

Rating 14, 17
Rating-Agenturen 17f.
Relative Stärke 97, 152, 164
Relative-Stärke-Index (RSI) 98
Rohstoffe 76, 79–81

Saisonale Schwankungen 175
Sal. Oppenheim 86
SAP 14, 16, 42
Schuldverschreibungen 17, 77
SCM 153, 155
Sechswochenmethode 175
Selbstüberschätzung 57, 62
Selektive Wahrnehmung 26, 46, 52
Set-Index 54f.
Shareholder-Value 35
Siemens 14f., 42
Sperrfrist 144f.
Spesen 69f., 73f., 99, 113, 119
Sprintzertifikate 76
Standard & Poor's (S&P) 17

- S&P-500 38, 42, 126, 132
- S&P-Future-Index 120
Standardaktien/-werte 14, 62, 85 f., 101, 141
Statistiken 33 f., 52, 162
- Verzerrung 34
Stimmungskauf 46, 52
Stochastik-Oszillator 98
Stopp-Order 66 f.
Streuung 70, 165

Tagesgeld 75
Technische Analyse 98 f.
Termingeschäft 88, 90, 119, 132, 138
ThyssenKrupp 14, 17–19, 124
Time Warner 124
Tiptel 52 f.
T-Online 22, 143
Treasury Bonds *s. unter US-Staatsanleihen*
Trend 38, 67, 70, 114, 116, 118 f., 162 f., 167 f., 171, 173
Trendwende 46, 58, 92, 99, 162 f., 174 f.

Überreaktion 65
UBS 124, 150
Umlaufrendite, deutsche 173
Ungewissheit/Unsicherheit der Anleger 28, 30, 65, 67
Unisys 124

US-Dollar 58 f., 133–135
US-Global-Nanospace 107, 109
US-Staatsanleihen 92, 133, 135, 173
US-Zentralbank 92, 133, 135 f., 138

Venture-Capital-Fonds 95
Verbilligungskauf 163
Verkaufsoptionsschein 81
Verkaufswelle 50
Verwaltungsgebühren/-kosten 69, 73 f., 91, 96, 152
Verzerrung auf Aktienmarkt 39
Vodafone 124, 127 f.

Währungen 74, 76, 80
Währungsunterschiede/-schwankungen 90 f.
Waste Management 113
Wellenanalyse 116
WestLB 107
WorldCom 17

Yen 133–135

Zertifikate 76–82, 107, 152, 177
Zinsen 35, 37, 54, 81, 85, 88, 133–136, 139, 173 f.
Zinsmethode 173
Zinsschwankungen 91
Zukauf 163

Mehr vom Autor

Uwe Lang ist Verfasser des im Abonnement erhältlichen Börsenbriefs *Börsensignale*. Dieser erscheint 14-tägig und ist am einfachsten zu beziehen über die Internetadresse www.boersensignale.de

Wer nicht über eine Internetverbindung verfügt, erhält Informationen bei:

SWISSINVEST
St. Niklausenstr. 11
6005 Luzern
Schweiz
Tel.: 0041/41/36 05 715
Fax: 0041/41/36 05 781
E-Mail: info@boersensignale.de

Wollen Sie dem Verfasser persönlich schreiben, senden Sie eine E-Mail an uwelang@t-online.de

Uwe Lang
DER NEUE AKTIENBERATER
Kritische Empfehlungen für
Anfänger und Fortgeschrittene
2003 · 213 Seiten
ISBN 978-3-593-36991-4

Worauf es wirklich ankommt

Sowohl Neulinge als auch Fortgeschrittene erfahren hier, worauf es bei der Aktienanlage ankommt. Börsenbewegungen, Aktienauswahl und Bestimmung des richtigen Einstiegs- oder Verkaufszeitpunktes werden von Uwe Lang kompetent und anschaulich erläutert.

»Lesenswerter Ratgeber für alle Anleger, die ihr Aktiendepot gerne selbst in die Hand nehmen wollen.« boerse.de

»Uwe Lang erklärt, wie man von Kursschwankungen profitieren kann.« Börsen-Kurier

Gerne schicken wir Ihnen unsere aktuellen Prospekte:
vertrieb@campus.de · www.campus.de

Martin Weber
GENIAL EINFACH INVESTIEREN
Mehr müssen Sie nicht wissen –
das aber unbedingt!
2007 · 228 Seiten
ISBN 978-3-593-38247-0

Eine gute Investition

Nahezu täglich werden wir dazu aufgefordert, stärker Privatvermögen zu bilden – von der Politik, den Medien oder vom Finanzberater. Aber wie funktioniert das Spiel auf den Finanzmärkten eigentlich? Und wissen wir, was wir tun, wenn wir eine Aktie kaufen oder eine Versicherung abschließen?

»Das Buch verdient eine hohe Auflage, weil seine Lektüre allemal einen Gewinn an Erkenntnis bringt, und sei es ›nur‹, indem sie vor finanziellen Verlusten bewahrt.«
Frankfurter Rundschau

Gerne schicken wir Ihnen unsere aktuellen Prospekte:
vertrieb@campus.de · www.campus.de

Werner Schwanfelder
OHNE AKTIEN GEHT ES NICHT!
Schritt für Schritt zum Anlage-Erfolg
2007 · 232 Seiten
ISBN 978-3-593-38246-3

Erfolg ist kein Zufall

Die Aktie gilt als lukrativste Geldanlage. Hier sind mit Abstand die höchsten Renditen zu erzielen – Tendenz steigend. In Werner Schwanfelders aktualisiertem und erweitertem Bestseller finden Sie den Schlüssel zur Welt der Aktien- und Börsengewinne. Sie erfahren, wie das Geschäft mit den Aktien funktioniert, welche Informationen wo erhältlich sind und wie man sie nutzt, um für sich persönlich eine erfolgreiche Anlagestrategie zusammenzustellen.

Gerne schicken wir Ihnen unsere aktuellen Prospekte:
vertrieb@campus.de · www.campus.de